管理会计公告

（2009—2019）

第五辑

美国管理会计师协会（IMA） 发布

中国财经出版传媒集团
经济科学出版社
Economic Science Press

IMA《管理会计公告》专家指导委员会

丁平准 中国注册会计师协会原副会长兼秘书长
于增彪 清华大学经管学院会计学教授
王立彦 北京大学光华管理学院会计学教授
李扣庆 上海国家会计学院党委书记、院长
顾惠忠 中国会计学会副会长,中航工业集团有限公司原副总经理兼总会计师
蒋占华 中国盐业集团有限公司党委委员、总会计师
谢志华 财政部会计名家和管理会计咨询专家、教授

(以上按姓氏笔画排序)

翻译人员　赵　健　张　翔　叶凌波　张晓泉　曹宇虹　苏　珊
审校人员　冯一凡　陈　琴　郭　强

内容提要

美国管理会计师协会（IMA）发布的《管理会计公告》由国际知名专家精心撰写，涵盖了管理会计领域的各项实务及专题，突出实务导向，注重技术与分析、文化、职业道德和价值观对企业管理会计体系的影响，对企业管理人员建立商业逻辑思维框架、提升商业判断力具有很好的借鉴意义。

公告共分为五辑，主题分别为战略、规划和绩效，报告与控制，技术与分析，商业和运营，价值观与可持续发展。本辑的主题是价值观与可持续发展，包括：价值观与道德规范：从确立到实践；更新的IMA《职业道德守则公告》；成本管理的行为因素；提升组织可持续发展过程中的员工参与度。

同时，IMA特邀上海国家会计学院专家团队结合我国管理会计发展现状为每篇公告撰写了评论。

目 录

价值观与道德规范：从确立到实践 ... 1
    一、执行摘要 ... 3
    二、引言 ... 4
    三、范围 ... 7
    四、价值观、道德规范与会计 ... 9
    五、确定和发展组织的行为价值观 ... 11
    六、以身作则 ... 13
    七、道德规范与内部控制 ... 16
    八、实践应用：将意愿变为现实 ... 19
    九、衡量与改善组织遵守道德准则的情况 ... 26
    术语表 ... 28
    参考文献 ... 30
评论 管理会计师的道德管理框架指南：从知到行
    ——评《价值观与道德规范：从确立到实践》 ... 32

IMA《职业道德守则公告》 ... 37
    一、原则 ... 39
    二、标准 ... 39
    三、解决职业道德问题 ... 41
评论 多方面助推我国会计行业职业道德建设
    ——评IMA《职业道德守则公告》 ... 42

成本管理的行为因素 ... 47
    一、执行摘要 ... 49
    二、成本管理发展简史 ... 50

三、范围	53
四、成本管理的有效框架	53
五、有效成本管理的5C框架	61
六、结束语	80
附录 循序渐进实施成本管理	82
术语表	83
参考文献	85
扩展阅读	86
评论 成本管理必须重视技术方法背后的文化	
——评《成本管理的行为因素》	90

提升组织可持续发展过程中的员工参与度   95

一、执行摘要	97
二、主要结果与影响	97
三、意外发现	101
四、员工参与可持续发展的影响	102
五、结束语	103
评论 企业可持续发展项目的目标、激励和评估	
——评《提升组织可持续发展过程中的员工参与度》	105

价值观与道德规范：
从确立到实践

关于作者

IMA 在此向 EduVision 公司的尼克·A. 谢泼德（Nick A. Shepherd，FCMC，FCCA，CGA）表示衷心感谢，本公告基于他的研究工作。同时还要感谢克里斯托弗·道塞特（Christopher Dowsett）、迈克·范·罗伊（Mike van Roy）和柯特·弗肖尔（Curt verschoor）对本公告的审阅，以及 IMA 的科研部主任兼 IMA 教授瑞夫·劳森（Raef Lawson，博士，CMA，CPA）对本公告的编辑工作。

一、执 行 摘 要

在 21 世纪的商业现实中，知识管理以及无形资产是组织获取竞争优势的主要源泉。从高管人员到一线工人，员工的个人行为关乎组织声誉，会影响企业的股票价值，影响企业能否吸引和挽留客户、投资者或员工，也会影响企业的违规风险等方面。全球化扩大了行为冲突所带来的潜在影响。业务分布于不同国家的组织可能会发现，其他文化所倡导的价值观和职业道德准则与组织自身树立的相冲突。凡此种种问题都使得企业迫切需要明确树立自己的价值观，制定职业道德及企业行为规范，从而确定自己的行为准则，以便为内部决策制定和满足外部监管及合规要求提供指南。这样的指南将为建立职业道德管理框架奠定坚实基础。

美国管理会计师协会（IMA）为管理会计行业从业者制定了《职业道德守则公告》(*Statement of Ethical Professional Practice*)。其他主要的全球性会计组织同样制定了各自的职业道德行为准则。本公告旨在让所有会计专业人士了解自己在所在组织中承担的责任，即促进组织变革，为组织维持有效的内部控制提供支持，确保组织考虑、采纳并全面实施覆盖全公司的职业道德和合规方案，包括制定职业道德准则与开通保密热线。

本公告明确指出了推动业界对职业道德行为日益关注的相关问题及其对风险管理和内部控制系统的影响，解释了组织明确、界定和树立价值观以及制定道德行为准则所需的步骤。更重要的是，本公告说明了如何避免做挂在墙上的"表面文章"，而是在日常经营活动中奉行职业道德价值观。借此，员工个体行为及决策的相关风险就可以与包括规划、组织、人员配置、管理和控制在内的总体管理流程相挂钩；制定符合职业道德要求的决策等事宜，也能与领导行为、组织流程、组织内外的人际关系、评价和控制系统协调一致。

如果组织成功地在组织范围内推行了职业道德准则，就会为改进风险评估、增加公司治理负责人的透明度、提高"言出即行"的可能性奠定基础。因此，需要签署合规承诺书的首席执行官（CEO）和首席财务官（CFO）将更加明确自身承诺与企业行为是一致的。

二、引　　言

虽然职业道德并非商界的一个全新概念，但是，由于上市公司和非上市公司的披露和报告问题，加之《萨班斯－奥克斯利法案》（SOX）的颁布，近年来日益成为业界广为关注的重要议题。我们从安然事件及其他会计丑闻中吸取的教训表明，制定了职业道德政策并不能自动形成恪守职业道德的组织，正如仅靠建立企业愿景不能形成具有远见卓识的组织（Collins，2001）。

符合职业道德的行为并不等同于遵守法律的行为。即使个人和组织的行为遵守了法律，也有可能做出不道德的行为。符合职业道德的行为源于遵循一系列价值观，在规则无法覆盖所有情形时，这些价值观可作为制定相关决策的标准。职业道德意味着在针对一定的问题制定决策并加以解决的过程中保持诚信。

全球伦理研究所（Institutefor Global Ethics）总裁鲁什克拉斯·基德（Rushwerth Kidder）解释了组织发展背后的价值观及其所激发的行为之间的联系："从广义上来说，职业道德所针对的是涉及道德善恶与对错的人类行为，是价值观在决策上的应用。这些价值观包括诚实、公正、负责、尊重和同情。"IMA在《职业道德守则公告》中列出了激发道德行为的首要原则。无论在工作中还是生活中，IMA成员必须遵守该公告，即使要付出经济上的代价，正如其他专业组织成员同样必须遵守各所在组织所制定的职业道德准则，如美国注册会计师协会（AICPA）发布的《职业行为准则》（*Code of Professional Conduct*）。

在规模较小的私营组织中制定职业道德准则一般较为直接：组织所有人"以身作则"。即使从未明文规定，组织所有人言传身教，成为其他员工所效仿的楷模，从而形成了"企业文化"。但随着组织的发展，员工无法与所有人保持直接的日常接触，便会出现相关挑战。

在规模较大的组织中，问题则更为严重。如果没有明确的行为规范和符合职业道德的行为方式，员工在日常活动中就会自行其是，或者观察和效仿周围其他人的行为。

为了避免20世纪末和21世纪初困扰商界的各种丑闻重演，就必须明确组织行为，使顾问的个人行为符合组织的既定预期。多起公司丑闻的核心人物都坚信自己是无辜的，其中包括安然公司的肯尼斯·莱（Kenneth Lay），或者霍林格国际公司的康拉德·布莱克（Conrad Black）。问题在于这些人都没有按照社会大多数人认为的"合理"标准界定自身行为，而是遵循自身特定的行为准则，甚至有时将符合职业道德的行为限定于遵守法律的行为。一旦违反了法律，就需要法院来判定一项行为是否非法、应受何种处罚。如果一项行为不符合职业道德，但又没有违反法律，就无法通过司法方式予以纠正。社会所能采取的唯一措施就是向政府施加压力，颁布更多的法规，或者终止与违反职业道德的公司和个人的商业往来或关系。这就是《萨班斯－奥克斯利法案》颁布的原委，以及组织丧失品牌价值的原因所在。

（一）变化世界中的价值观与道德规范

道德规范的概念自提出至今已历经多个世纪，而世界的日益变化产生了诸多前所未有的问题。世界范围的人口流动规模之大、速度之快前所未见。虽然大多数世界500强公司仍然来自美国和西方世界，但来自印度、中国和俄罗斯等新兴市场经济体的公司也开始跻身其列［《财富》（Fortune），2007年7月24日］。随着业务外包的兴起，主要经营活动（如制造业或呼叫中心）从发达国家转移到劳动力成本更低的国家，从而形成了公司总部位于一个国家，而其他部门在价值观、社会期望及行为准则可能截然不同的其他国家运营的新趋势。另外，全球通信更加便捷，使得从世界一端到另一端的日常交谈及音频、数据和视频的传输成为可能。

人口流动也促使人们得以大规模地从一种文化迁移到另一种文化。在美国，来自世界各地的移民沿袭着多元文化、不同种族和宗教信仰的社会传统。如果群体拥有相同的文化背景，他们也往往拥有相同的价值观，因此，这些群体决策和行为的基准以及所遵循的职业道德行为准则同样具有相似性。如果移民使来自不同国家或文化背景的群体融合在一起，那么就会产生深远的影响，而价值观和决策过程却未必相同。这与个人的良善与否无关，而在于其成长的社会环境所倡导的行为"准则"存在差异。如果个人到国外深造，这一点就体现得非常明显。

在上述所有变化的驱使下，社会和组织中的个人价值观出现了融合，从而为组织领导者带来了严峻挑战并为组织的风险管理提出了新的要求。如果组织没有明晰其所期望的道德行为，并支持和鼓励组织上下遵守职业道德，那么留下的真空就会造成难以预料的后果。

（二）社会变迁导致社会期望的转变

美国如今采用的公司治理、受托责任和管理控制方法，在很大程度上是在20世纪

30 年代股票市场崩盘后形成的，美国证券交易委员会（SEC）以及许多沿用至今的劳工法规随后应运而生。许多事件表明，传统的框架已远远不能满足飞速发展的工业化社会的要求，迫切需要人们制定新的规则。

20 世纪八九十年代，出现了存贷款丑闻、橘县投资巨亏导致财政破产、垃圾债券发行，以及巴林银行倒闭等全球性问题。为了应对这些挑战，管理层的重心转变为如何更好地开展风险管理。例如，美国反虚假财务报告委员会下属发起人委员会（COSO）努力探求导致虚假财务报告的原因，并提出了降低虚假财务报告发生率的建议。尽管付出了种种努力，但是问题依然存在。21 世纪伊始，甚至爆发了更大的财务丑闻，如安然、世通、环球电讯等事件。

随着制造业经历巨变，如外包到欠发达国家（LDCs）以及传统工业化社会向服务型经济和知识经济的逐渐转型等，个人行为成为组织行为中一个更加关键的因素，而且也是一个更加难以控制的因素。某些老牌传统知识型企业早已意识到了这些问题，并且多年以来建立了职业道德实施计划和政策，如强生公司仍然秉持着罗伯特·伍德·约翰逊（Robert Wood Johnson）于 1943 年树立的"公司信条"。时至今日，这些原则依然指引着该公司的未来，无论该公司身处何地。

大多数观察者都认为遵守职业道德不仅是出于合规要求，还必须融入组织文化中。《萨班斯-奥克斯利法案》第 406 条要求在公司"高管"层面创造积极的文化。在对公司发起指控时，司法部会将公司经营决策所处的环境纳入考虑范围，而 2004 年颁布的经修订的《联邦量刑指南》（*Federal Sentencing Guidelines*）也意识到对组织内各级别人员进行职业道德培训的重要性。仅仅建立职业道德和公司行为规范，并经由 CEO 和 CFO 发出正式声明予以支持，已远远不能保证组织的日常经营行为真正符合职业道德要求。

研究表明，遵守职业道德的组织，其劳动生产率更高、人际关系更和谐、团队凝聚力更强、参与更积极、欺诈风险更低。如果组织不仅仅将遵守职业道德视为合规要求的一部分，那么就能进一步精简业务流程及提高产品和服务质量。上述种种好处最终都将转化为财务绩效的提升。某些领域的风险可以精确计量，某些领域的风险只能部分计量，而有些领域只能预估风险可能性较低。如果组织要识别并降低财务及其他风险，那么道德文化就必须灌输到组织活动的各个方面。为了确保职业道德融入组织文化之中，管理会计师可采取的一项重要举措就是影响公司资源的分配。管理会计师可以通过关注道德行为，确定与这些行为相关的内部控制风险领域。

三、范　　围

本公告适用于期望加强职业道德合规工作，并试图在组织内部建立渗透到组织活动各个方面的道德文化，从而提升组织绩效的所有财务会计和管理会计人员。其中涉及的许多概念，都与企业风险管理（enterprise risk management，ERM）所倡导的概念如出一辙。在企业风险管理中，个人行为成为组织风险敞口的关键因素，必须在评估和实施内部控制系统时予以考虑。

本公告所介绍的概念和方法具有通用性，可适用于：

（1）财务会计和管理会计人员；

（2）公共机构和私营企业；

（3）营利组织和非营利组织；

（4）大型和小型组织；

（5）服务型、知识型和制造型组织；

（6）世界各地的组织。

本公告阐述了打造高效且恪守职业道德规范的组织所需的逻辑基石。同时，其简要介绍了职业道德理论概念所隐含的理念，以及各种流派的道德思想及其发展动态，并未涉及道德动因某些方面的内容，比如宗教信仰制度及其他可能被视为某些群体所特有的具体领域。

本公告讨论了在组织内部建立和实施基于价值观的职业道德体系的各个阶段，以便满足合规要求，并在组织成长和发展过程中，实现职业道德方面的可持续发展。为了给组织整体风险及控制措施提供铺垫，在组织采纳某些框架时，要求对组织文化进行评估，例如，COSO按照《萨班斯－奥克斯利法案》第404条发布了《内部控制——整合框架》，组织可依据该框架开展内部控制评估。本公告说明了如何发展、培养及改善道德文化，以便使组织不仅出于合规要求遵循职业道德，而且从中获益。由于人类行为越来越多地被视为控制系统完整性的驱动因素，本公告说明了只有组织针对内部人员工作、生活及决策的各个方面，采取全面、一体化的策略，才能形成符合职业道德规范的环境。尽管在建立内部流程、制度及控制措施方面，责任主要由管理会计师承担，但采取全面、一体化的策略也有助于提升鉴证人员（包括内部和外部审计人员）对道德鉴证复杂性的理解。这将使他们不仅停留在满足职业道德鉴证清单所规定的要求之上，而且使COSO制定的环境评估框架切实地反映道德文化的存在度及其应用和范围的成熟度。

本公告的每一部分分别介绍了道德文化建设过程中的一个重要步骤：

（1）"价值观、道德规范与会计"部分探讨了财务会计和管理会计人员不应仅仅停留在传统控制系统实施方法，而是聚焦于软技能领域，从而从行为角度建立对人力资本状况的了解。

（2）"确定和发展组织的行为价值观"部分阐述了：①如何评估组织现有的道德文化现状；②如何比较现有道德文化现状与所有者和大股东的期望；③如何分析二者之间的现有差距。

（3）"以身作则"部分说明了建设道德型组织的关键成功因素。组织价值观和信念的统一不仅体现在领导者"所言"，而且要反映在领导者的日常管理和行为之上。

（4）"道德规范与内部控制"部分讨论了将道德思想融入业务流程管理核心环节的重要步骤。企业风险管理（ERM）、业务流程再造（BPR）、质量管理、"防误概念"（Poka-Yokeconcept），以及学习型组织建设等主要环节都可以协调统一起来，从而形成内部控制体系，促使人力资源战略与组织经营目标相统一。

（5）"实践应用：将意愿变为现实"部分阐述了为确保道德期望及其所代表的价值观体现在组织管理的必要方面而必须考虑的实践问题，其中包括以道德为基础的人力资源管理制度。该制度不仅涉及制定各岗位相关要求而且涉及员工招募、激励、考核、培训/发展和挽留，而且要基于员工岗前培训和岗位职责讨论，根据不同情境来理解道德行为。此外，该部分还涉及道德期望与第三方关系的协调一致，如组织与供应商、合作伙伴、客户及其他第三方进行接洽沟通的方式；并将企业未来发展所涉及的道德和价值观的发展纳入企业规划流程。

（6）"衡量与改善组织遵守道德准则的情况"部分探讨了如何形成"黏合剂"，从而使得道德型组织产生凝聚力，即：如何通过多重反馈指标来检验、证实和评估组织做出的职业道德承诺。这是有效的公司治理体现的一个主要方面。董事会、董事会各委员会（如审计委员会）以及其他承担总体责任，确保遵守职业道德规范的部门，都必须了解职业道德政策实施结果的相关"事实"。本部分涉及如下核心问题，即：许多负责确保遵守职业道德规范的人员"不知己所不知"，因此只能依赖签署的声明和证明书来表明"一切正常"。

读者应该认识到，有效地推行道德文化要求管理理念保持统一，且"解决道德问题"并非一朝一夕之功。图1详细展示了建立和实施道德管理框架的一般步骤，包括在此过程中应予考虑提供的辅助工具、投入及支持。在最后一个阶段，即实施阶段，必须形成方法和框架，以持续评估组织道德管理的实践情况。组织可结合采用道德管理工具、持续培训及员工按年度签字保证三种手段，为道德行为的鉴证奠定坚实基础。

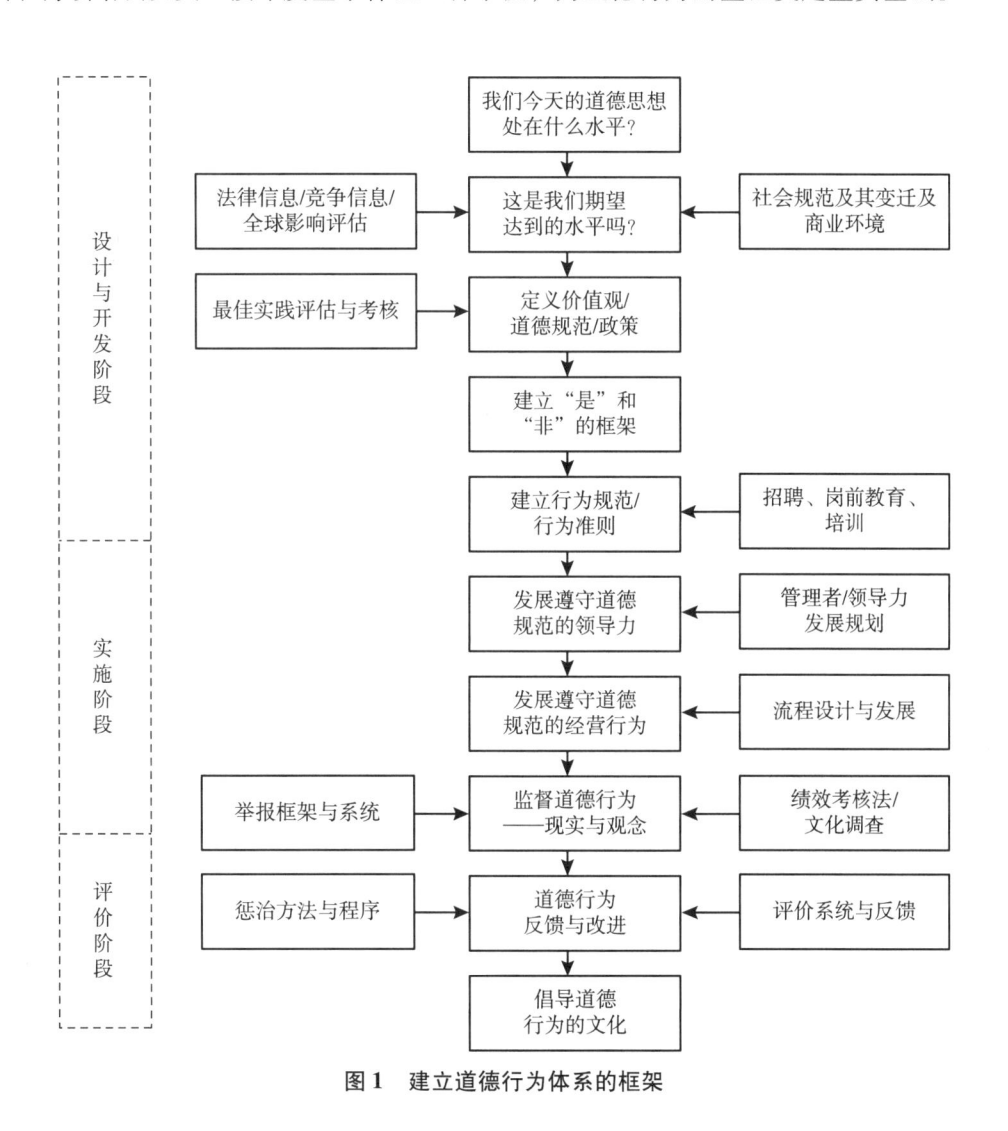

图1　建立道德行为体系的框架

四、价值观、道德规范与会计

无论是实现非营利组织经营成本最小化，还是营利组织的盈利能力和投资回报最优化，组织中的管理会计师都承担着保护组织资产并确保其发挥最大效益的重要职责。

在当今的大多数组织中，人工成本占了经营费用的绝大部分。组织努力降低间接费用，因此形成了经营决策的分散化并导致监管放松。由此带来的结果是，组织不再监督和控制员工工作的方方面面，必须在很大程度上对员工报以信任，即员工行为符合组织的最大利益。人力"资本"是一项重要资产。员工能够创新产品或服务，并独辟蹊径，以更具成本效益的方式开展工作；把知识带到工作场合，与同事共享；彼此之间以及与组织所依赖的供应商和客户建立密切关系。特别是组织的高层领导者为最大限度地发挥员工的才能营造出浓厚的文化氛围。那么，组织如何才能保证员工的行为符合组织所期望的原则，从而促进人力"资产"的不断发展，而非阻碍其效益的发挥呢？

过去，质量合规要求及各行业专注产出的传统做法促使组织对一线生产工人实施严格控制，但管理人员还是意识到只有员工的"参与"才能确保有效的质量管理。特别值得一提的是，如果工人预期个人会因质量问题受到惩罚，就不会迅速或实时地报告质量问题。

在当今的服务型经济中，控制通常意味着建立管理系统，其中包含流程、作业及任务相关流程图、描述及记录，从而使个人明晰各自的岗位职责。如果一切按预期发展，这一控制流程将行之有效。但是，如果出现了计划外事件，员工又将如何应对？个人在做出决策时又该到哪里寻求帮助呢？借用吉尔里·拉姆勒和艾伦·布拉奇（Geary Rummler and Alan Brache，1995）针对流程管理所开展的开拓性研究中所使用的一个词：人们"在管理空白处"该怎么做？大多数情况下，组织会依靠个人或直接主管根据自己的判断所制定的自认为反映了组织"政策"的行动路线。这也是建立一套明确的组织价值观和职业道德准则的重要性所在——它们为每个意料之外的决策确立了所依据的判断"标准"。组织的每个成员必须深入了解组织价值观及职业道德准则，否则就会出现个人行为与组织期望的背离，甚至发生不道德行为或欺诈行为。任何一个财务经理、管理会计师或其他管理人员都不会允许自己所在的企业中存在这样的风险。针对预先确定发生的情况，人们可以通过制订规则［比如美国财务会计准则委员会（FASB）采用传统方法制定的以规则为基础的会计准则］加以应对；而对于无法预先确定发生或意料之外的情况，以原则为基础的准则更为有效。因此，价值观和职业道德的管理方法应以一系列原则而非一系列规则为基础。

在以资本投资为主要经营活动的组织中，财务经理和管理会计师会花费相当多的时间来预测资本性资产的未来表现，以确保资产表现符合预期，并取得预期结果。规划一项价值50万美元的资本性采购，如果其中包含至少5%的资金成本，这种情况并不鲜见。如果资产预期使用寿命为5年，那么规划成本会在期初发生，并且可能在未来5

内摊销。会计人员会觉得没有必要进行详细的贴现现金流/投资报酬率计算，以及建立模型、电子表格或通过模拟来验证资产的潜在表现。规划和分析旨在优化投资，降低不当决策所带来的风险。如果招聘决策以及员工岗前教育和培训未能使个人价值观和职业道德与组织的期望保持一致，也会给组织绩效带来同等甚至更大的负面影响。缺乏主动性的员工会破坏工作氛围，削弱知识转移和创新所必需的团队合作，还会对供应商和客户关系造成严重的消极影响。无论任何领导岗位——包括高管、经理、主管、团队领导以及"意见领袖"，这些人会造成混乱、引发冲突，与组织所期望创造的文化氛围背道而驰。

理解员工上述行为方式并采取相应措施加以应对，所获得的收益远远大于遵守法律法规要求所带来的收益。积极建设并推行基于价值观的道德文化为打造优化、高效的知识型组织奠定了基石。挑战在于，道德文化反映的是无形资产表现，而在大多数情况下，不会在资产负债表上列示。但是，如同厂房、设备等资产的有效利用关乎企业存亡一样，组织的人力资产在这一点上毫不逊色。

即使会计准则和合规报告认为无形资产无法量化，管理会计师也必须想方设法确保这些资产得到最有效的利用。遵循本公告介绍的方法，管理会计师就能够：

（1）确定组织所期望的员工道德行为与其实际行为之间的差距；
（2）通过各种计划、项目和干预手段，弥补这些差距；
（3）让期望的道德行为渗透到组织经营活动的方方面面；
（4）建立指标，防止道德行为倒退，消除人力资本对组织的消极影响。

该方法将提高组织的经营效果，显著降低欺诈及其他违规行为发生的风险。

五、确定和发展组织的行为价值观

每个组织都有自己的文化。在小型公司，特别是家族企业中，文化反映了企业所有人和主要经营者的个人价值观和经营方式。在大型公司中，自上而下地贯彻正确的价值观更为困难。事实上，在大型组织中，最大的风险之一就是董事会和高管认为公司存在的文化（根据定义，即价值观和职业道德）可能与员工、客户和供应商实际感受的文化大相径庭。换言之，高层管理人员对组织文化的认知并不真实。在过去30年中，许多商业丑闻都源自一个问题，即并非因为董事会或高管都是"坏人"，而是因为他们对于企业的经营活动"不知己所不知"，从而做出了违背事实的错误假设。

在建设组织道德文化时,首先必须对组织现有价值观和文化进行评估,并制定一系列官方声明,明确组织所秉持的原则。这些声明和原则可以由股东、董事会或组织的治理机构负责制定。对组织文化进行评估时,需要询问各级员工、供应商、客户及其他相关人员,了解其对于组织发展驱动因素的看法。

对组织文化进行评估的最有效方式之一是把重点群体和广泛调查结合起来。重点群体可作为"试点",通过该群体获得价值观的主要内容。一旦搜集了相关数据,就可以将其与高管和股东对组织价值观的看法融合起来。然后,针对大范围的员工及其他主要相关人员进行调查。以下是调查过程中经常提到的问题:

(1)组织信奉的价值观是什么?
(2)组织决策背后有哪些原则?
(3)组织所秉持的道德准则是什么?
(4)管理人员和领导者所展现出的原则/信仰是什么?

通过调查活动,组织可以得到一系列"是什么"的回答,即员工在日常活动中看到的组织的现实情况。对这些问题的回答没有对错,只是反映了推动组织日常活动的现有的思想和行为。

对于组织领导层,也应该采取上述同样的方法,从而得到一系列"应该如何"的回答,即企业领导者认为组织文化应该是什么样的。"是什么"和"应该如何"两种回答之间的差距,明确了组织所需解决的问题,以便建立可靠、统一的价值观,为制定组织职业道德准则打下坚实基础。

有鉴于此,组织领导者应制定一套明确的道德原则(或价值观),从而为打造道德型管理及领导框架奠定基础。尽管道德原则声明较为简短,但许多人仍然会对其形成独特见解,因此,下一步就是高管根据每项道德原则制定相应的行为规范。行为规范的制定,要参考调查对象回答哪种类型的行为将为道德原则声明提供支持(即哪种类型的活动符合道德原则声明要求)这一问题的情况而定。此外,调查对象还要回答哪种类型的活动被视为不符合道德原则声明的要求。按照这种方式,道德准则声明将转化为与日常决策和经营活动相关的、具有可操作性的范例。

该阶段的一项重大挑战就是确保职业道德准则所依据的价值观不只是老生常谈。高管必须理解每份道德原则声明在贯彻实施中意味着什么。如果道德原则声明无法明确传达出预期通过组织道德承诺所营造的日常文化氛围,就会导致误解、冲突和混乱。

道德文化需要能够把日常决策与组织的道德承诺联系起来。例如,解聘员工似乎不符合组织就人力资源管理制定的道德承诺声明,但是,在裁员过程中,如果表现出体谅、同情和理解，实际上就是一个职业道德在实践中的应用范例。

如果道德行为有讨价还价的余地，那么其所体现的价值观就毫无意义。高管必须保证公司践行每一项道德承诺。察验实际行为究竟是支持还是偏离既定的道德原则就成为一个关键步骤，该步骤可确保核心管理人员全面考虑了以道德观为基础而做出的道德原则声明所蕴含的风险，并评估可能发生的现实情况所带来的后果。如果制定的道德政策允许在例外情况下偏离道德原则，那就不如不制定道德政策。

一旦制定了职业道德准则，就应该在组织内贯彻实施。最好的方式是分层级实施，各级管理人员和主管人员分别向其下属传达并阐释组织的期望。另外还应辅以在线培训及培训前或培训后测试，以确保全体员工阅读、内化和理解职业道德准则的基本内容。

六、以身作则

道德行为并非与己无关——遵守道德，人人有责。没有什么比管理人员和主管人员在日常工作中展现出道德行为更重要的了，其中包括以下几点：

（1）与各级人员的沟通——无论是组织内部的人员，还是组织外部的人员；

（2）让他人参与决策过程；

（3）指导和支持他人；

（4）处理员工发展、绩效和考核问题；

（5）在办公场所的个人行为。

作为当今劳动力队伍中的一员，我们很多人已经注意到很多组织运营的同时，缺乏道德承诺。因此，人们常常对组织管理层及领导者的言辞表示怀疑：人们往往相信眼见为实，而不是公司"唱的高调"。要使职业道德准则真正发挥作用，居于高位的领导者就必须以身作则。领导者必须严格遵守并受职业道德准则约束。

（一）管理人员和主管人员的道德领导力

2005年度全美商业道德调查（2005 National Business Ethics Survey）指出，以下三项道德行为能够为职业道德准则的有效实施提供支持（Ethics Resource Center，2005）：

（1）树立良好榜样；

（2）遵守承诺；

（3）支持他人遵守道德准则。

上述三项行为都严重依赖于组织管理人员和主管人员的领导技能。职业道德准则可以确保管理人员和主管人员在进行道德判断时有一套基本准则可依。"管理人员最终要为公司的道德成熟度负责，因此其所遵循的道德标准也必须高于普通员工，但我们经常看到，许多公司领导者却以较低标准要求自己"（Bottorff，2006）。除非员工看到公司领导者在组织的日常经营活动中践行了道德原则，否则任何组织的道德政策都不可能赢得信任。

按照《萨班斯－奥克斯利法案》第404条规定，首先要对组织进行内部控制评估，审查组织办公场所控制环境的现实状况。领导者，尤其是位居最高职位的领导者，预期将"确定基调"，通过自身行为体现对组织道德框架及其他内部控制系统的承诺。高管必须避免在组织中形成"管理人员凌驾于规则之上"的观念。

2004年更新的《联邦量刑指南》明确了组织"有效的合规和道德计划"的重要性，这一条款可作为法庭为认定的犯罪行为量刑时的减罪因素。之所以做出上述更新，是因为不仅是建立系统和控制措施的"行政管理人员"需要发挥领导作用，而且董事会和大多数高管都应承担相应责任。如果CEO、首席运营官（COO）和CFO都以身作则，那么就会提高系统和控制措施的可信度。

内部控制依赖于组织人员的诚信及行为，在知识型组织中尤其如此。制定可靠的道德政策并在组织范围内传达，确保组织上下的充分了解及贯彻落实是应对合规问题的必要措施。不仅如此，如果组织制定并落实了政策框架，CEO和CFO能够签署道德准则合规宣言就不会存在太大的风险。"领导者必须了解众多的员工行为及互动是如何像拼图一样拼合成一幅完整图画的。组织只有理解了实现道德目标所需的全部价值观和行为，才能向着道德文化迈进"（Gebler，2006）。

在"提高道德绩效的五道防线"（Five Levees for Improving Ethical Performance）模型第三个内环中，道德政策的作用得到了进一步强化，并为前两个环节提供支持，即招聘"遵守职业道德准则"的员工和制定职业道德准则（Collins，2006）。丹尼尔·柯林斯（Denis Collins）将这项因素称为"道德模范型领导者"。

因此，组织职业道德准则必须作为制定招聘决策的基准，从而确保应聘者个人的职业道德准则与组织的期望相符。此外，职业道德准则必须为管理人员和主管人员岗前培训和培训提供基础，同时作为绩效考核、员工培养和职业发展决策的关键因素。将职业道德准则付诸实践的一个最佳范例，就是通用电气公司采用的四方管理绩效矩阵。该矩阵将行为划分为两个轴：即"任务"和"关系"，并按这两项标准评估每个管理人员的绩效。如果管理人员经评估属于低关系/高任务型，即工作通常能够完成但行为不符合通用电气的价值观，那么这些管理人员将被视为公司的一项重大问题。对于这些人员的管理是组织最为头疼的问题，尽管这些人创造了业绩，但却无视公司价值观，因而是一股具有破坏性的力量——会扰乱环境、动摇军心、扼杀创造力，并导致组织的优秀人才流失。这听起来有些苛刻而且似乎不太合理，这些管理人员毕竟创造了业绩，不过问题正好触及了道德领导力的核心。如果组织不希望只是空谈，就必须按照既定价值观，努力实现平衡了成果（任务）和"关系"的绩效。洞察力学习与发展公司（Insights Learning and Development）经过广泛研究开发的"洞察力自我评估"（Insight Self Assessment），就是有助于管理人员和个人识别、处理该问题的优秀工具。

许多组织都试图通过任命一位"道德官"来加强自身的道德领导力。下述几项因素是道德官发挥作用的关键，其中包括授权、责任和职责。为确保真正的独立性，道德官应能够不受约束地发现组织各个层级存在的问题。为此，道德官应直接向董事会下属审计委员会或专门委员会（如公司治理委员会）报告。此外，为表明组织对自身所承担的法律义务与道德义务的了解，组织应确保道德官这一职位不被外界视为仅仅是出于法律合规需要而设立的职位，而是为避免组织出现不道德行为（无论是否合法）而设立的具有广泛职权的职位。最后，CEO或同等职位的管理人员应树立道德榜样并为组织上下效仿。尽管董事会为CEO或同等职位的管理人员的行为负责，但仍过分关注组织"结果"与业绩。根据博思艾伦咨询公司（Booz Allen Hamilton, 2005）进行的一项调查，CEO遭解聘的首要原因是业绩不佳，而不是缺乏道德行为。董事会必须确保组织制定道德政策且经董事会所推选的代表认同并遵守道德政策，同时利用360度调查（360° surveys）或其他类似工具，确保通过组织获得关于CEO在落实道德准则及其表现情况的全面反馈。

（二）财会专业人员的道德领导力

承诺履行职业道德准则对于管理会计师和其他财务人员同样重要。IMA成员必须遵守IMA《职业道德守则公告》并在工作中以身作则，该公告阐述了IMA的四项首要原则，即诚信、公平、客观和负责。同时，该公告还规定了四项道德准则，以作为指导管理会计师的从业行为的基石，即能力、保密、正直、可信。

根据该公告，"财会专业人士应按照总体原则行事，并鼓励所在组织的其他人士遵守该原则"。这一点强调了管理会计师有责任在组织中发挥领导作用。要实现这一点，管理会计师不仅要以身作则，还要帮助所在组织建立并实施自己的一套道德原则、价值观和职业道德准则。

IMA 成员必须始终确保自己坚守对履行《职业道德守则公告》的承诺。例如，如果某财会专业人员的雇主决定隐瞒"……预期有理由影响特定用户对于报告、分析或建议理解"的信息，那么就有义务指出这种"不道德"的行为并尽力予以纠正。该等行为可能导致其所处环境充满挑战。正如所有符合道德规范要求的情形一样，财务专业人士在采取措施之前必须尽力搜集全部事实，如有必要，还应寻求专业指导。

2005 年 6 月，国际会计师联合会（IFAC）发布了《职业会计师道德守则》（*Code of Ethics for Professional Accountants*）。该准则由国际会计师联合会下属国际会计准则委员会制定，针对会计人员的道德行为设定了基准："会计职业的一个显著特征就是承担着为公众利益服务的职责。因此，会计人员的职责并不仅仅是满足一个客户或雇主的需要，在为公众利益服务的过程中，会计人员应遵守本守则的道德要求。"许多其他组织也已经采纳了由 IFAC 发布的《职业会计师道德守则》，为其成员行为提供指导。作为 IFAC 成员，IMA 发布的《职业道德守则公告》与 IFAC 发布的《职业会计师道德守则》如出一辙。随着会计职业愈发呈现全球化趋势，财会专业人员必须继续发挥领导作用，以满足所在组织对有效的道德框架的需求。IMA、IFAC 及其他众多会计专业组织都严于律己，制定了较高的道德标准。财会专业人士必须充分理解和践行所适用的职业道德守则，其中包括在工作场所保持专业精神，确保个人决不违反职业道德准则，同时鼓励和支持组织建立、采纳、实施和维持有效的职业道德准则。

七、道德规范与内部控制

人类行为往往令人惊叹。人们能够为所做的任何决策找到合理解释，从而使之与个人认可的特定价值观保持一致。如果某个罪犯认为社会对其有所亏欠，那么他就会自然而然地认为盗窃是合理行为；如果人们认为为了实现目标可以不择手段，就不会为欺骗而感到内疚。

上市公司会计监督委员会（PCAOB）将 COSO 模型作为根据《萨班斯-奥克斯利法案》第 404 条开展内部控制评估的基础。该模型为确定组织存在的风险以及如何更好地管理风险提供了一个框架。尽管遵守《萨班斯-奥克斯利法案》已经成了许多组织的难以承受"之重"，而且采用 COSO 模型也可能被组织视为一项额外要求，但是评估组织风险的方法是行之有效的。最初建立COSO框架，正是由于20世纪80年代财务丑闻和公司破产案频发。组织是否有能力确定所存在的风险以及处理风险所需实施的控制措施，成了一个关键问题，从而导致了20世纪90年代企业风险管理的兴起。在基思·韦德（Keith Wade）和安迪·怀尼（Andy Wynne）所著的《控制自我评估理论及应用》（*Control Self Assessment*）中，发表了大量介绍风险框架应用及实施的优秀案例研究。

风险存在于组织经营活动的方方面面，风险控制亦是如此。虽然《萨班斯－奥克斯利法案》界定了风险评估的广度和深度，但是在决定真正需要评估的风险时仍有多种工具可供选择。

涉及组织关键工作的核心业务流程是大多数组织的命脉，其中可能包括制造产品、处理医疗保险理赔、招聘员工或者向供应商付款。几乎在任何情况下，流程管理都有助于组织确定所执行的工作以及可能存在的风险。流程管理和流程思维就成为确定风险和内部控制系统的必要因素。下文所列的3种工具可以将流程开发、风险评估和内部控制结合起来。

业务流程重组（BPR）盛行于20世纪90年代。BPR通过结构化视角，反映组织流程并揭示了投入转化为产出过程中存在的所需执行的工作任务和活动。每个工作任务和活动层面都存在着管理会计师考虑消除的潜在风险，但是在任何情况下，行为因素都是风险及风险控制所需考虑的因素。通常会问的一个问题就是："一个理性的人在这种情况下会怎么做？"在许多情况下，组织所实施的任何控制措施都是基于人的行为制定的，但仍然存在其他问题：管理会计师能够确信执行工作任务的是一个理性的人吗？如何选择执行工作任务的人呢？指定执行工作任务的人具备什么能力呢？这些能力经过充分测试和检验了吗？能保证任务的"正常"执行吗？制定道德政策并确保根据政策选拔和招聘员工，将成为组织做好行为因素评估工作所依据的标准。

质量管理通过另一个视角来审视流程管理。质量管理为管理会计师提供了诸多卓越方案，有助于组织更好地了解流程绩效风险状况。事实上，质量管理和管理会计具有许多共同之处。质量管理人员力求通过避免工作失误和代价高昂的返工，确保流程实现"零缺陷"，这方面包括确保组织对任何可能导致失误发生或未被发现的潜在风险进行了评估。这也是管理会计师所共有的目标。

质量管理工具包括失效模式与影响分析（FMEA）、防误评估（了解该流程并对工作任务采取"防误措施"，确保不发生失效）、六西格玛流程分析技术（基于流程成本或流程结果影响判断，在财务上具有可行性）。

简化系统可以吸收流程管理和风险管理的要素，采用下列标题，创建Excel电子表格：

（1）流程活动：

- 活动中的工作任务。

（2）每项工作任务中的潜在失误和风险。

（3）对失效带来的影响开展风险评估（利用简化的"高、中或低"或者更传统的"影响"和"发生频度"的三级量表）。

（4）评估利用现有的控制措施发现风险的概率。

（5）根据评估结果确定的所需采取的行动。

利用质量管理工具并从行为角度审视风险，有助于确定组织应该建立何种类型的控制措施以及最适宜的实施场所。本方法没有依靠传统的分批总量控制、授权及担保水平等会计方法，而是采用了判断行为与所期望的道德规范是否偏离的视角。

持续流程改进（CPI）是组织可采用的第三方工具，有助于确定与道德和行为问题相关的流程控制措施。CPI与"学习型组织"的发展密切相关。在"学习型组织"中，对流程绩效的持续性监控和评估，能够发现潜在的流程管理和控制问题，持续促进工作任务和控制体系完善发展，从而降低成本、增加流程循环周期，并且（从道德角度来看）可以识别导致现有控制措施（包括如何分配工作任务、如何招聘和安置员工）是否到位的那些意料之外的行为。在大多数组织中，传统控制措施都是从现实状况和员工经验中发展而来的，可能存在的时间相当长，因此，CPI就是管理会计师应特别关注的领域。随着组织的发展，无论是招聘新员工还是通过自身调整适应竞争压力，经营环境也会发生变化。这些变化可能会使现行的内部控制系统失效或者不被认可。例如，随着劳动力队伍的变化，组织传统上对经验丰富的员工所表现的行为方式的依赖可能已远远无法满足组织发展需要；新员工的行为方式可能无法实现预期结果，尤其是在按照职业道德规范招聘员工、道德领导力及合规方面不到位的情况下。

创造一个弘扬职业道德的工作环境是实施任何内部控制系统的基石。人类行为具有不可预测性，除非确立一个期望底线，并以此作为框架来确定"理性的人"在既定情况下的行为。随着员工流失率的提高，以及组织在不同国家开展运营，上述情形将受到进一步影响，并面临来自可能存在的不同的价值观和道德行为"规范"的冲击。出于实施内部控制目的，无论是基于一般的社会规范，还是过往的经验，管理会计师都不能再假设某种特定行为会保持一致，或者具有可预测性。

在制定一整套管理控制措施来保护股东价值时，必须要回答的一个简单的问题就是："我真正了解组织中的个人在决策时所依据的价值观吗？"只有建立了全面的公司道德行为框架之后，人们才能信心十足地期望内部控制系统发挥作用。

八、实践应用：将意愿变为现实

制定有意义的道德政策对组织而言十分重要，但仍需付出更多努力，才能将纸面上的政策在组织内真正贯彻落实。仅仅对政策进行传达，然后就期望管理人员确定道德行为已经渗透到组织的方方面面，是远远不够的。本节明确了确保"意愿"和行动保持协调一致所需的几个步骤。

管理会计师关注如何在保持充分控制与一定的投资水平之间实现平衡。一定的投资水平能够维持组织盈利并限制费用增长。审计师也必须平衡评估控制系统充分性的问题。任何企业都会存在一定水平的内在风险，所面临的挑战在于决定实现有效控制所需的投资投向何处。

如果不开展企业风险评估，就不可能有效建立和实施企业范围的控制系统。企业风险评估应当作为组织实施有效控制系统的起点。风险的一个表现是对员工行为的影响，而投资领域则包括尽可能减少因计划外的、不可接受的行为所带来的风险而需采取的举措。

（一）恰当的人选

组织的道德政策必须在招聘阶段即予以实施。这就要求招聘人员通过一定的提问或测试，评估应聘者是否与组织的道德行为准则相匹配。这一环节包括：

（1）面试时通过提问鼓励应聘者回答自己将如何对特定情况作出反应；
（2）询问应聘者的个人职业道德准则（或价值观）；
（3）要求应聘者评论什么样的职场行为是不道德的；
（4）建立多项选择测试，要求应聘者说明自己对各种道德陈述赞成或反对的程度（Gale，2002）；
（5）团队面试，一个面试者提出道德问题，其他面试者提出其他备选问题，要求应聘者补充个人观点。

管理会计师应与人力资源管理人员合作，确保用于强化"按照道德准则进行招聘"的各种方法满足法律（如平等就业机会）及其他政策要求。虽然在很大程度上仍处于发展初期，但组织正在开发各种入职前测试工具，以便帮助组织评估应聘者的行为期望。尽管道德评估领域充满挑战，但在其他行为领域对应用入职前测试的结果十分成功（如客户服务教育、销售能力等）。管理会计师应当确保将部分人力资源预算用于开展全面的行为分析，而且要针对敏感职位（通过企业风险评估决定）进行深度评估。

（二）员工培训的关键作用

虽然入职后必须向每名员工提供岗前培训，但仅仅了解并承诺在工作场所遵守职业道德准则还远远不够。每名在职员工都应当接受持续培训，从董事会逐级往下，组织的各级员工都毫无例外。会议委员会（Conference Board）所进行的几项调查似乎表明组织对这项要求十分重视，尤其是在《联邦量刑指南》2004 年修订之后，因为该指南建议在整个组织范围开展道德培训，在组织被判定有不当行为时，道德培训可作为减刑的有效方法（会议委员会，2006）。

针对员工提供的道德培训应聚焦于道德观念、组织的职业道德准则以及合规问题。有鉴于此，培训内容应包括以下事项：

（1）道德概念和思维：道德行为问题"背后"所隐含的是什么？

（2）组织的职业道德准则及支持规则。

组织期望职业道德准则得到遵守和落实，应考虑以下问题：

（1）员工的一般行为和个人行为；

（2）如何将职业道德融入工作管理方法之中；

（3）职业道德如何影响具体工作、流程、活动和关系；

（4）组织如何监督职业道德准则的遵守和落实情况；

（5）如果员工存在合规问题，可以寻求哪些途径（个人指导、建议和"揭发"机制）的帮助；

（6）出现问题或投诉时应采取什么行动；

（7）违反职业道德准则的行为一经证实，应采取什么行动，给予什么处罚。

如果管理会计师关注所在组织职业道德准则的有效实施，就应确保所在组织建立培训计划，并且培训全面、贴近员工"实际"，而且相同信息在组织上下不断重复地进行宣传（这一点对避免员工"我不知道……"之类的借口至关重要）。最后，如同体现职业能力发展的其他领域一样，职业道德和道德行为培训同样应反映"职业生涯阶段"，即组织应根据员工部门、资历和职位提供个性化培训。任何职位（包括高管）都不能逃避培训。

（三）将职业道德融入工作行为

虽然领导者被视为组织有效实施和维持道德政策的关键因素，但是大多数员工会从自己的工作和岗位出发看待道德问题。如果组织期望员工将高标准的道德准则（如"我们要使每一位客户享受尊严与尊重"）与自己的工作挂钩，往往就会出现问题。这会导致员工错误地解读组织对他们的行为要求。高标准的道德准则必须在组织上下分级贯彻，以便使员工能够了解与自身日常职责相关的道德原则。

管理人员和领导者可以将此作为给员工传达具体期望的一种有效方式。例如，货运部经理可以召集司机开会并讨论："我们要使每一位客户享受尊严与尊重"对他们的具体工作而言意味着什么。然后，司机团队就可以开始着手根据实际工作中道德准则的落实情况制定有针对性的道德准则，并专注于司机如何将上述高标准的道德准则付诸实践。此外，讨论有助于组织在建立道德准则时发现未讨论或未预见的相关问题。道德行为的关键问题在于员工往往没有机会对道德问题进行评估，但上述方式有助于员工开展道德评估（Bowen，2006）。

讨论结果可用于新员工培训，帮助他们确立与具体工作相关的行为并将其纳入能力素质、岗位职责和绩效考核流程之中。此外，该框架有助于组织确定有必要提供特殊培训的领域或者现有流程或工具致使员工无法真正按照道德准则行事的情况（员工通常具有令人难以置信的创造力，可以想方设法地绕过障碍实现预期结果，即使这意味着要在基于特定预期行为而实施的内部控制上做出妥协）。

为实现岗位培训价值的最大化，组织应为岗位培训提供充足的资金支持。基本道德培训可能有助于培养道德意识和营造道德氛围，但是大多数员工都是从自己的具体岗位和职责的角度看待世界和行为问题的。通过培养道德意识开展内部控制只有在工作层面才能发挥作用，因此培训必须针对员工的具体工作开展，才能发挥价值。

（四）将职业道德融入工作管理方法

组织未能履行道德承诺的一个典型例子，就是骄傲地宣称"员工是我们最宝贵的资产"，却未让员工参与到组织日常工作的设计、开发或改进中来。组织言行不一，就会导致职业道德准则失去信誉。

在实践中，为了将职业道德准则的意愿变为现实，组织活动的方方面面都应受到实施职业道德准则的影响。可供组织考虑的职业道德准则实施简图如图 2 所示。横轴表示三类高级别的组织流程，即产品和服务的设计与开发、产品和服务的实际生产或配送、售后客户支持；纵轴表示主要道德议题的典型分类。矩阵中各项内容审视了如何在职业道德及其所阐释的价值观与实施职业道德准则之间建立某种联系，以及在哪里建立该等联系。尽管该图示仅为提供示意性说明，但其目的在于说明如何实现意愿与现实的统一。

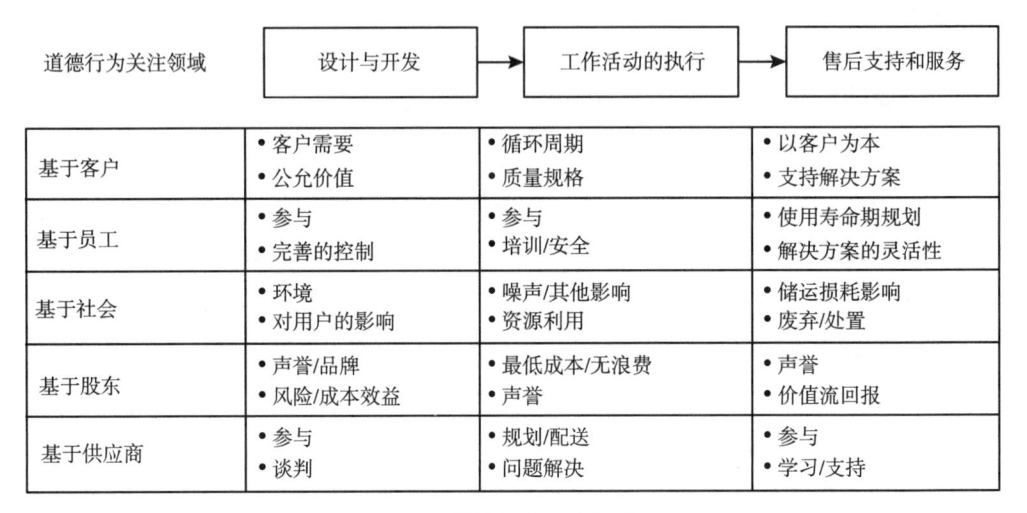

道德行为关注领域	设计与开发	工作活动的执行	售后支持和服务
基于客户	• 客户需要 • 公允价值	• 循环周期 • 质量规格	• 以客户为本 • 支持解决方案
基于员工	• 参与 • 完善的控制	• 参与 • 培训/安全	• 使用寿命期规划 • 解决方案的灵活性
基于社会	• 环境 • 对用户的影响	• 噪声/其他影响 • 资源利用	• 储运损耗影响 • 废弃/处置
基于股东	• 声誉/品牌 • 风险/成本效益	• 最低成本/无浪费 • 声誉	• 声誉 • 价值流回报
基于供应商	• 参与 • 谈判	• 规划/配送 • 问题解决	• 参与 • 学习/支持

图 2　道德行为关注领域

1. 设计与开发流程

在许多情况下，组织通过为市场提供产品和服务的方式来彰显自身的职业道德准则。例如，如果组织生产的产品会破坏环境、耗费过多的自然资源或者在处置时无法避免对环境产生显著的消极影响，那么组织就很难让员工相信其高度关注环境问题。管理会计师应确保在所在组织的设计与开发方法中建立解决各种问题的流程，其中包括组织就材料耗费、加工方法及产品支持和处置需求等问题制定重大决策。如果在设计流程的后期处理这些问题，就会导致成本显著提高、产品无法在价格和销量上达到既定的市场目标。采用诸如生命周期成本分析法（LCC）等工具，有助于组织建立规划流程，将相关问题纳入产品设计阶段。

2. 工作规划与执行

一旦产品或服务完成了设计阶段，进入生产/配送阶段，就需要在以下方面考虑道德行为的影响并实施内部控制：

（1）原材料供应商的选择和合同谈判；

（2）分包商和分销商的选择和谈判；

（3）针对所有生产领域的传统控制措施，如盗窃原材料和副产品；

（4）建立虚假客户或客户关系；

（5）与潜在客户进行非法或不道德的谈判；

（6）采购和销售流程中的虚假交易；

（7）建立或利用虚假企业或不道德的企业从事商业活动；

（8）采用非法或不道德的方法处理废弃物或废料；

（9）组织资产非法或不道德地用于非公司用途；

（10）非法挪用组织资金；

（11）工作流程的建立及其对员工的影响（安全等）；

（12）工作流程的建立及其对第三方的影响；

（13）确保流程设计的成本最小化、质量最优化。

在日常经营决策和工作流程为组织的道德期望提供支持时，就会产生符合道德规范的实践行为。在 ISO 9000 标准中，国际标准组织表示："组织应在受控条件下规划和生产产品或服务"（ISO 9001、2000，第 7.5.1 段）。此外，实施指南中还指出："管理人员应该确保组织不仅了解适用于自身产品、流程和活动的法律法规要求，而且应将这些要求纳入质量管理系统。此外，还要鼓励以有道德、有效和高效的方式遵守现行或未来的法律法规要求……"（ISO 9004、2000，第 5.2.3 段）很明显，上述受控条件包括组织在实施不同级别的合规流程管理过程中，需要考虑道德行为的影响。

3. 售后支持和客户服务

在许多情况下，组织有义务在销售完成后持续为产品和服务提供支持。这是组织在流程设计和经营活动时，体现组织遵守其职责道德准则的另一个关键领域。众所周知的例子，就是强生公司在泰诺特效胶囊被投毒并导致死亡事件后召回了泰诺产品。外人可能无法确定公司的哪项职业道德准则要求其毫无异议地召回全部产品，但事情最终结果就是如此。没有争论，没有质疑。人们可以想象，强生公司内部就产品召回对季度收益的影响以及市场上的大多数产品未被投毒的可能性展开了怎样的讨论，但是，如果公司要坚守自己的信条，就必须做"这种情况下的正确的事情"。如果不对越来越多被证明的产品问题或产品缺陷采取行动而导致更多的死亡或其他消极影响，就会与负责任的做法形成鲜明对比。虽然强生公司能够避免产品召回的长期影响（引进了防投毒包装以应对危机），但是许多未立即采取行动的公司从此在市场上不见其踪。

当危机发生时，管理会计师会面临一项挑战，那就是在履行组织职业道德准则有关保护股东利益的规定与产品质量、客户重要性及影响及组织在社会中的地位等相关规定之间做出平衡——所有因素都关乎组织声誉。在这种情况下，重要的是考虑对股东总投资的长期影响，而不是仅仅考虑对短期收益的影响。在当今的经济环境中，无形资产在组织价值中占的比重越来越大，影响组织品牌或声誉的不道德行为可能会比短期收益产生更长期的影响。

4. 第三方道德影响

即使行为不受组织直接控制，也会产生道德问题。例如，使用欠发达国家的分包商带来的影响。因为在欠发达国家，工作实践可能不同于母公司所在国认可的行为。例如，长久以来，一旦公众通过新闻报告知晓耐克等公司的分包商雇用童工，就会对这些公司进行问责。随着外包业务的日益增长，组织必须牢记：不同国家的工作实践、社会状况和价值观可能迥然不同。涉及第三方潜在不道德行为的风险领域包括：

（1）呼叫中心及其他客户服务支持活动（包括技术支持）；

（2）远程供应商提供的第三方售后支持；

（3）作为分包商或"合作伙伴"的安装企业；

（4）组织产品和服务的分销商和代理人；

（5）代表组织宣传产品和服务的广告代理商；

（6）服务提供机构——尤其是正在采取或已经实施了多元服务提供方式（ASD）的政府部门；

（7）在母公司日常监控之外运营的关联组织。

在任何情况下，任何第三方违反职业道德的行为，都会被追究到主要组织上，尤其是在公众眼里。在当今更加强调业务外包、分权和核心竞争力的时代，组织必须确保在治理结构中，具有适当流程来应对"合作伙伴"的市场行为。

值得关注的一个问题是第三方的选择过程。选择标准不仅应包括传统方法，例如，组织信誉、财务稳健度、遵守产品和服务规格及定价，而且还应评估潜在合作伙伴的声誉及其遵守买方行为期望的能力和承诺。仅以价格作为选择依据会大大增加风险，而且在对客户、市场和整个社会的影响与期望不一致时，还会产生下游问题。

（五）将职业道德融入业务规划

在制订业务规划时，有关资源配置的决策会考虑一系列主要的经营优先事项，通常专注于盈利能力优化，甚至利润最大化和成本最小化。然而，如果组织员工认为规划决策中没有考虑道德行为因素，那么维持职业道德准则相关性的努力就会受到影响，甚至付诸东流。需要考虑道德行为因素的领域，包括招聘阶段的员工测试、为新员工和在职员工提供道德培训，尤为重要的是应对业务扩张和收缩所采用的方式。

实现业务扩张的方式包括并购、自主的地域扩张（国内和国际）以及产品或服务种类扩张。

在并购交易中，管理会计师必须确保将组织文化中的行为因素纳入尽职调查流程。历史表明，许多兼并交易都没有实现预期结果，尤其是服务型公司。在许多情况下，问题是因为不同组织文化之间难以调和而产生的，从而导致收益低于预期、整合成本更高、员工流失率增加、客户流失，最终必须减记大部分收购成本。更有甚者，融合不同文化会给吸引新员工带来消极影响。

在组织扩张进入新兴市场时，可能产生的最大问题就是进入商业文化迥然不同的新兴市场所遇到的挑战。尽管颁布了诸如《反海外腐败法》（*Foreign Corrupt Practices Act*）等立法，但是组织仍然面临着为争取业务或完成某项工作预期支付"佣金"的普遍问题。那么支付佣金在什么情况下会构成贿赂呢？在这方面，组织必须控制支出审批流程，确保审批透明度，并充分考虑所树立的职业道德准则可能会与不同商业文化的经营行为产生冲突而造成的影响。为了使员工认为职业道德准则是真实、健全的，就需要让他们看到职业道德准则在整个组织的统一实施，即使这意味着在业务规划阶段，如果出现的机会要求组织无视其已树立的道德价值观或在价值观上让步，就必须放弃这些机会。

（六）无规可循的情况

在任何控制系统中，最大的挑战就是要知道在"无规可循"的情况下该怎么做。如果必须在没有既定框架的情况下做出决策，员工就必须运用自己所了解的组织道德原则，建立符合职业道德规范的正确决策和思维流程。如果无法有效贯彻道德政策，为员工提供适当的道德培训，员工就会被迫按照个人价值观行事，这会增大员工对于组织职业道德准则反应不一的风险。正是这些"空白地带"给组织带来了最大的潜在道德挑战和风险，尽管这些空白地带只占个人日常工作的5%左右（Rummler & Brache, 1995）。

九、衡量与改善组织遵守道德准则的情况

遵守职业道德最大的问题之一，就是组织是否能够真正了解其日常经营活动，并将遵守职业道德作为其主要治理和责任框架的核心因素。颁布法律，对行为不当的人进行更严格的审查和更严厉的处罚，可能具有一定的威慑力，但是，最终能使管理人员安心的是内部控制和经营透明度。难点在于"你无法管理无法衡量的事物"，所以人们可能认为遵守职业道德，仍然在很大程度上依赖于CEO和CFO对建立完善的内部控制所做出的承诺。因20世纪20年代股票市场崩盘而逐步发展起来的公司治理方法，在公司主要资产由无形资产和知识型资产所构成的当今社会中逐渐过时了，但是大多数公司治理的合规要求仍然根植于纯粹的财务报告要求（Shepherd, 2005）。组织应当以相比财务报告更为宽泛的要求（如《联邦量刑指南》及SEC的监管要求）对职业道德的遵守情况进行评估吗？

虽然有效的内部控制措施和外部审计仍然是确保组织遵守职业道德的关键因素，但组织还可以采取其他合规方法来作为内部控制一部分。下列方法利用COSO的框架，可以满足《萨班斯－奥克斯利法案》第404条有关"监督"的要求。

（一）人员绩效反馈环

绩效考核和发展系统必须充分满足道德行为要求。能力、岗位职责和目标应包括组织的道德期望，员工定期考核系统（至少每年进行一次）必须依照相同的标准对员工进行评估。如果职业道德准则要求员工尊重每一个人，那么绩效考核流程就必须包括360度全方位信息，既包括内部反馈，又包括外部反馈，以便评估事实是否真正如此。关键绩效指标（KPI）必须包括根据道德培训要求跟踪员工表现。例如：

（1）在规定时间框架内完成岗前教育的新员工数量和比例；
（2）完成年度道德行为再培训的员工比例；
（3）在年度绩效考核中被评定"达到"和"超过"道德标准的员工数量；
（4）因杰出的道德行为而获奖的员工数量。

（二）调查工具

持续调查是评估道德绩效的一个颇有价值的工具，尤其是在管理和领导力等领域。调查可以根据组织的职业道德准则设计，并让员工为组织职业道德的遵守情况进行评价。例如，如果组织宣称"我们尊重每名员工并充分认可其良好品质"，那么就可以询问员工，对以下道德声明的认同程度，比如：

（1）"本组织尊重每一名员工"；
（2）"我在组织中受到了尊重"；
（3）"我的经理尊重我"；
（4）"我的同事尊重我"；
（5）"我的经理认可我采取的行动的价值"；
（6）"在本组织有功必奖"。

可以让受调查者依照从1至5或从"强烈不赞同"至"强烈赞同"的等级，为每项道德声明进行评价。调查结果是制定持续合规指标的参考依据，可以就此与员工进行对话，激励员工关注和改进道德遵守行动。公司成了一个注重学习和发展的组织。在组织层面，通过调查，董事会和其他高管能够了解组织实施和遵守职业道德准则的情况。

管理会计师应确保调查数据足够详细，以便将关注的问题和所采取的行动联系起来。如果细节不够详细的话，则只能提供总括情况，无法确定需要改进的相关问题。这不仅浪费时间和资源，而且制订的解决方案和采取的行动可能无法有的放矢。

（三）设置举报框架

有效的反馈系统包括建立保密框架，让员工报告可能违反组织职业道德准则的行为，并就制定富有挑战性的决策时所考虑的道德因素接受建议。统计数据表明，大量的职业欺诈案件都是通过员工"热线"或其他报告方式发现的。在2006年发布的《职务欺诈和滥用国别报告》（*Report to the Nation on Occupational Fraud and Abuse*）中，美国注册欺诈检查师协会（Association of Certified Fraud Examiners，ACFE）指出，在所发现的金额100万美元以上的欺诈中，44%是通过保密热线报告的（ACFE，2006）。如工作价值咨询公司（Working Values）总裁大卫·盖伯勒（David Gebler）所言，创造一种"员工能够不惧报复而自由提出问题和关切"的文化，是构成诚信组织的六大关键因素之一。例如，美标公司（American Standard）就设有65名"道德顾问"。据其安全主管罗丝·希曼（Rose Shyman）所言，这些道德顾问是"为员工处理道德问题提供指导的专家"（Datz，2005）。道德顾问定期召开会议，确定并讨论组织应该了解及可能需要解决的共同问题。

无论组织选择哪种方法，道德问题的搜集、分析和总结都能为职业道德准则的实施及员工的合规情况提供具有洞察力的信息。此外，追踪和监控通过举报系统提出的问题还为增强和改善内部控制创造了机会。管理会计师必须确保建立相关流程、流程运行过程完全保密，同时确保这些流程能够基于统计数或事件生成报告，借此深入了解公司的道德行为。

CFO和CEO必须以身作则，采取完善的内部控制措施（以及落实其他任何承诺），从而彰显自身在组织中的诚信水平。为发展、落实、维持和监控组织的道德绩效建立一个全面综合的系统，高管便能满怀信心地宣称职业道德准则是组织文化的基石，并已完全融入每名员工和商业伙伴的思维过程之中。

术　语　表

负责任（accountable）：对行为能够承担责任。

偏见（bias）：一种影响正常判断的倾向。

贿赂（bribe）：向肩负一定职责的个人（或组织）提供或给予物品，以诱使其做出违反职责的行为。

职业道德准则（code of ethics）：组织编纂和发布的道德原则，旨在规范企业及其代表从事经营活动的方式。

投诉者（complainant）：针对组织内部或外部的任何错误事情，提出问题和关切的人。

保密（confidential）：秘密完成或传递给另一个人的事情。其含义是，出于某种原因（从个人隐私到竞争优势），传递信息的人至少不希望其他人知道信息。

利益冲突（conflict of interest）：公务员、企业管理人员或者其他肩负着一定职责的人可能会因其官方/职业行为而受益的情况。

道德规范（ethics）：道德标准；道德原则体系；某个群体的行为准则；任何行为准

则（即使没有宣称在道德上具有合理性）。

捏造（fabrication）：谎言；伪造的数据、试验或其他重要信息，包括记录、交易和审计。

伪造（falsification）：变更或者虚报数据以及其他重大事项。

欺诈（fraud）：为了获取不公平的收益而从事的故意欺骗行为。

管理会计师（management accountants）：综合利用会计专业知识和高级管理技能在组织内部推动企业绩效的战略财务管理人员。他们是组织各个领域的管理人员值得信赖的合作者，为科学合理的企业决策、规划及支持提供必要的专业知识和专业分析。他们监控、解读并报告经营结果；评估绩效、控制经营以及制定关于组织战略发展方向的决策。他们理解为顾客创造价值的商业规则，从而制定在整个生命周期内识别、开发、营销和评估产品或服务的各种战略。

过失（negligence）：在具有道德或法律义务来保持审慎的事情上没有做到充分审慎。

理性人（reasonable person）：通常用于询问如下问题："在相同的情况下，具备相同的知识、决策的专业人士能够得出相同的结论吗？"

负责（responsibility）：意味着个人在实现或保持某个积极结果时承担的责任；预期实现或保持这一结果的人必须具备相关知识和技能，并且竭尽全力实现这一结果，无论这种努力成功与否。

利益相关者（stakeholder）：影响一项行为或受其影响的个人或群体。负责任的决策者必须考虑各种决策对所有利益相关者的影响，即使在所有利益相关者并非平等的情况下。

审慎标准（standard of care）：适度审慎的人在管理自己的事务中所表现的审慎程度。在有关过失的法律中，如果个人的行为低于这个标准，就要对损害或者赔偿负责。

信任（trust）：充分相信某人或某物具备可靠性、诚实性、诚信性或确定性。

价值观（values）：群体或个人的行为或决策所基于的信仰。

价值判断（value judgment）：要求对对错、好坏发表主观意见。符合职业道德的价值观只是价值观的一种类型，道德评估也只是价值观判断的一种类型。

举报者（whistle-blower）：报告不当行为或腐败的人，包括对安全、财务欺诈、虐待员工或者其他不当行为的关注。报告可能是向组织内部报告，也可能是向组织外部报告，一般都是匿名或保密的。

参 考 文 献

Adams, R., "Codes of Conduct for CFO's and Others," Association of Chartered Certified Accountants, 2006.

Association of Certified Fraud Examiners, "Report to the Nation on Occupational Fraud and Abuse," www. acfe. com/fraud/report. asp, 2006.

Booz Allen Hamilton, "Underperformance, Not Ethics Gets CEOs Fired," SmartPros Ltd., June 2005, http://accounting. smartpros. com/x48322. xml.

Bottorff, D. "Nine Attributes of Good Ethics Policy," *Ethics Quality*, 2006, www. ethicsquality. com.

Bowen, S., "The Business of Truth—A Guide to Ethical Communication," IABC Research Foundation, 2006.

Collins, D., "Five Levees for Improving Ethical Performance," *Strategic Finance*, June 2006.

Collins, J., *Good to Great: Why Some Companies Make the Leap…and Others Don't*, Harper Collins, New York, 2001.

Conference Board, "Universal Conduct: An Ethics and Compliance Benchmarking Survey," Report #1393-06-RR, Extract published by IMA, November 2006.

Datz, T., "Making a Place for Ethics," *CSO Magazine*, November 2005.

Deupree, J., "The Truth can Hurt Even More When It's too Late," *The Corporate Compliance and Regulatory Newsletter*, February 2004.

Ethics Resource Center, "2005 National *Business Ethics Survey* (NBES)," Washington, D. C., 2005.

Fortune, "Top 500 Global Corporations," July 24, 2007.

Gale, S., "Hiring Tellers: Strong Ethics a Must," *Workforce Management*, 2002.

Gebler, D., "Creating an Ethical Culture," *Strategic Finance*, May 2006.

International Organization for Standardization, ISO 9001, 2000.

International Organization for Standardization, ISO 9004, 2006.

Johnson, R. W. "Enlightened Self Interest in Action," Johnson & Johnson credo,

1943.

Koestenbaum, P., P. Keys, and T. Weirich, "Integrating Sarbanes-Oxley, Leadership and Ethics," *The CPA Journal*, April 2005.

Lamberton, B., P. Mihalek, and C. Smith, "The Tone at the Top," *Strategic Finance*, March 2005.

Pittman, E., and F. Navran, "Corporate Ethics and Sarbanes Oxley," *Wall Street Lawyer*, July 2003.

Porter, G., "Ethics Scandals Rock State Governments," *Strategic Finance*, September 2006.

Rummler, G., and A. Brache, *Improving Performance: How to Manage the White Space in the Organization Chart*, Jossey-Bass, 1995.

Shaub, M., F. Collins, O. Holzmann, and S. Lowensohn, "Self Interest vs. Concern for Others," *Strategic Finance*, March 2005.

Shepherd, N., *Governance, Accountability, and Sustainable Development: A New Agenda for the 21st Century*, Thomson Carswell, Toronto, Canada, 2005.

Verschoor, C., "The Value of an Ethical Culture," *Strategic Finance*, November 2006.

Verschoor, C., "Interactions between Compliance and Ethics," *Strategic Finance*, June 2006.

Verschoor, C., "Surveys Show that Ethics Problems Persist," *Strategic Finance*, October 2006.

Wade, K., and A. Wynne, *Control Self Assessment*, Wiley, New York, 1999.

Working Ventures, "Promoting Ethics Related Actions through Training," April 2007.

评论

管理会计师的道德管理框架指南：从知到行

——评《价值观与道德规范：从确立到实践》

季 周

今年是美国管理会计师协会（IMA）成立100周年，笔者有幸参与其即将出版发行的《管理会计公告》评述工作。IMA发布的《管理会计公告》一直在全球范围内享有盛誉，其内容涵盖了管理会计领域的各项实务及专题，包括有关风险管理、成本核算、供应链、可持续发展报告、公允价值和组织行为等主题的定义、框架、指导、最佳实践和案例。这些由世界顶尖专家撰写的公告侧重于实务指导而非仅理论探索，可以帮助CFO及其团队增强企业实力，实现企业的可持续发展。

IMA长期致力于通过教育帮助组织提升治理水平并确保财会专业人士秉承职业道德操守，因而注重组织文化、职业道德对企业管理会计体系的影响。早在1983年，IMA就发布了美国第一个管理会计师道德行为守则；2005年，在《萨班斯－奥克斯利法案》通过后，IMA颁布了新的《职业道德守则公告》，提供了更直接的全球性道德守则；2017年，为响应商业全球化趋势，以及业务、监管环境和管理会计职业的变化，IMA再次修订了《职业道德守则公告》。

此次《管理会计公告》系列中，本篇公告也体现了IMA将价值观和行为规范、道德行为守则置于极为重要的地位。全文两万多字，读罢掩卷令人深思。追溯历史，IMA的前身美国成本会计师协会（NACA）是由很多工程师建立的，这些工程师具有专业的知识和正直的商业伦理，认为提供"真实且公允"的意见和建议是其使命所在。套用一句时髦的话，这就是管理会计师的"初心"——真实代表着客观的事实判断，而公允则需要商业伦理的支撑。

知识经济、无形资产和全球化是VUCA时代（volatility, uncertainty, complexity, ambiguity, VUCA）的关键词，不确定性和复杂性使得企业迫切需要明确树立自己的价值观，制定管理者和员工的道德准则和行为规范，为组织内部决策提供指南，同时也满足外部监管以及合规的要求。本篇公告为组织建立道德管理框架奠定了坚实的基础，指明了方向和规划路径：要求管理会计师必须切实履行诚信、公平、客观和负责这四项道德基本原则，遵守和维护能力、保密、正直和可信四条行为标准；强调企业必须要将道德规范融入企业的战略发展、经营规划、日常管理以及员工行为中去。

道德规范并不是商业领域的新概念，《萨班斯－奥克斯利法案》的颁布使其愈加重要，安然事件及其他会计丑闻的教训表明，制定了道德规范并不等于创造了遵守道德规范的组织，进一步而言，符合道德规范的行为并不等同于遵守法律的行为。道德管理知易行难，本公告希望引起中国企业和管理会计人员深思并付诸行动。

一、建立道德型组织的六大步骤

公告开篇引言深刻指出，在 21 世纪的商业现实中，知识管理和无形资产成为组织竞争优势的主要源泉。从高管人员到一线工人，组织成员的个人行为既能为组织赢得声誉，亦能毁坏组织的声誉。这对于企业的股票价值，企业能否吸引和保留客户、投资者或员工，以及企业违规风险等方面都具有重大影响。

巨变世界中的价值观与道德规范为领导者带来严峻挑战，对组织风险管理提出新要求。业务外包、全球通信、跨国经营和人员流动带来的社会变迁导致社会期望转变，如果组织没有尽力明晰其所期望的道德行为并支持和鼓励遵守道德规范，那么留下的管理真空就会造成难以预料的后果。

本篇公告适用于期望加强职业道德合规工作，并试图在组织内部建立渗透到组织活动各个方面的道德文化，从而提升组织绩效的所有财务会计和管理会计人员。公告所介绍的概念和方法是通用的，适用于财务会计和管理会计人员、公共机构和私营企业、营利组织和非营利组织、大型和小型组织，以及服务型、知识型和制造型等世界各地的组织。

公告讨论了在组织内部建立和实施基于价值观的职业道德体系的各个阶段的任务，这些任务有助于在组织成长和发展过程中，使组织满足合规要求，并能实现职业道德方面的可持续发展。公告中图 1 "建立道德行为体系的框架"清晰地描绘了设计、实施和评价这三个阶段的主要内容，公告据此介绍了道德文化建设过程中的六个重要步骤。

（一）价值观、职业道德与会计

这部分提纲挈领回答财务会计和管理会计人员为什么必须超越传统的控制系统方

法。无论是西方世界的马克思·韦伯还是华人学者黄仁宇，都总结出经济的发展需要信任根基，而会计师的职业责任恰恰是在经济社会中发现并报告经济的真相。国际会计师联合会（IFAC）把会计师职业能力分类为 being/knowing/doing 三项，在人工智能时代更高效率的背景下，会计师作为人类在经济系统中的真相和信任的代理人，其教育内容的根本首先在于商业伦理的培养。会计师所谓的公允价值（fair value），不仅仅是经济学含义，更包含商业伦理的价值。

（二）确定和发展组织的行为价值观

在道德文化建设过程中，第一步必须评估组织现有的价值观和文化，并制定一系列官方声明，明确组织所秉持的原则。组织文化评估最有效方式是把重点群体和广泛调查结合起来，调查经常提到的问题包括：组织信奉的价值观是什么？组织决策背后有哪些原则？组织所秉持的道德准则是什么？管理人员和领导者所展现出的原则/信仰是什么？

针对各级员工、供应商、客户和利益相关群体的组织文化评估，要回答以下三个问题：（1）如何评估组织现有的道德文化现状；（2）如何比较现有道德文化现状与所有者和大股东的期望；（3）如何分析二者之间的现有差距。一旦制定了职业道德准则，就应该在组织内贯彻实施。最好的方式是分级实施并结合培训测试，以确保全体员工都阅读、理解和内化了职业道德准则的基本内容。

（三）以身作则

领导的身体力行、知行合一是建设道德型组织的关键成功因素。组织价值观和信仰的统一不仅表现在领导者的言上，而且要落实在领导者的行上，即领导者的日常管理和行为。对于员工来说，组织职业道德准则必须作为制定招聘决策的基准，也必须成为绩效考核、员工培养和职业发展的关键因素。通用电气的管理绩效矩阵表明，如果经理人员绩效高但却无视企业价值观，就会成为企业的破坏性力量。

2005 年国际会计师联合会（IFAC）发布了《职业会计师道德准则》，为会计人员的道德行为设定了一个底线："会计职业的一个显著特征就是承担着为公众利益服务的职责。因此，会计人员的职责并不仅仅是满足一个客户或雇主的需要，在为公众利益服务的过程中，会计人员应遵守本守则的道德要求。"

IMA 成员必须遵守《职业道德守则公告》，并付诸行动。该公告阐述了 IMA 的四项总体职业道德原则，即诚信、公平、客观和负责；还规定了四项道德准则，即能力、保密、正直和可信标准。依照公告，"财会专业人士应按照总体原则行事，并鼓励所在组织的其他人士遵守该原则"。这就强调了管理会计师要在组织中发挥领导作用的责任。

（四）职业道德与内部控制

风险存在于组织经营活动的各方面，所以需要控制评估业务流程的风险。公告提供了三种有效工具，可以把流程开发、风险评估和内部控制有机结合起来。

业务流程重组（BPR）通过结构化视角，反映组织流程并揭示了投入转化为产出过程中存在的所需执行的工作任务和活动。在每项任务和活动中，都存在管理会计师希望考虑消除的潜在风险。

质量管理为管理会计师提供了诸多卓越方案，有助于组织更好地了解流程绩效风险状况。事实上，质量管理和管理会计具有许多共同之处。质量管理人员力求通过避免失误和返工，确保流程实现"零缺陷"，其中包括确保任何可能导致失误发生或未被发现的潜在风险都得到评估，这也是管理会计师所共有的目标。

持续流程改进（CPI）从"学习型组织"发展而来。在"学习型组织"中，对流程绩效的持续监控和评估，可以发现潜在的流程管理和控制问题，持续促进工作任务和控制体系完善发展，从而降低成本、增加流程循环周期，并且（从道德角度来看）可以发现现有控制是冗余还是不足以及发现意料之外的行为。利用这项工具并从行为角度考虑风险，有助于确定应该建立何种类型的控制以及最适宜在哪个环节实施。

（五）实践应用：将愿望变为现实

这部分内容是公告的另一个重点。因为制定有意义的道德政策十分重要，但更重要的是把政策贯彻落实，确保"愿望"和行动步调一致。为确保道德期望及其所代表的价值观体现在组织管理的必要方面，组织必须考虑实践问题。其中，包括人力资源管理制度，不仅要制定岗位要求，负责员工招募、激励、考核、培训/发展和挽留，还要基于员工岗前教育和岗位职责讨论，根据不同情境来理解道德行为。该部分还涉及道德期望与第三方关系的协调一致，比如组织与供应商、合作伙伴、客户等的商业往来方式，此外，还将企业未来发展所涉及的道德和价值观的发展纳入企业规划流程。

公告中的图2是可供组织考虑的职业道德准则实施简图。横轴表示三类高级别的组织流程，即产品和服务的设计与开发、产品和服务的实际生产或配送、售后客户支持。纵轴表示主要道德议题的典型分类。矩阵中各项内容审视了如何在职业道德及其所阐释的价值观与实施职业道德准则之间建立某种联系，以及在哪里建立该等联系。此图简明扼要地阐明了如何把职业道德规范融入组织工作管理的方方面面。

（六）衡量与改善组织遵守道德准则的情况

道德型组织凝聚在一起的"黏合剂"是通过各种反馈标准来检验、证实和评估组织对职业道德规范的承诺。这是有效的公司治理的一个主要方面。董事会和各委员会（如审计委员会）都必须了解职业道德政策实施结果的相关"事实"。

虽然有效的内部控制措施和外部审计仍然非常关键，但组织还可以采纳其他合规方法使员工遵从职业道德规范，并将这些方法作为内部控制的一部分，包括：

人员绩效反馈环：绩效考核和发展系统必须与道德行为要求完全一致，能力、岗位职责和目标应该包括道德期望，员工定期考核必须依照相同的标准对员工进行评估，从而形成绩效考核的闭环。

调查工具：持续调查是评估道德绩效的一个颇有价值的工具，尤其是在管理和领导力等领域。

设置举报框架：有效的反馈系统包括建立保密框架，让员工报告可能违反组织道德规范的行为，并就制定富有挑战性的决策时所考虑的道德因素接受建议。统计数据表明，大量职业欺诈案件都是通过员工"热线"或其他报告发现的。

二、指导意义

综上所述，公告明确指出了推动业界对职业道德行为日益关注的相关问题及其对风险管理和内部控制系统的影响，解释了组织明确、界定和树立价值观以及制定道德行为准则所需的步骤。公告的价值在于如何把价值观和道德规范从认知转变为行动，融入组织的日常经营行为中。借此，员工个体行为及决策的相关风险就可以与包括规划、组织、人员配置、管理和控制在内的总体管理流程相挂钩；制定符合职业道德要求的决策等事宜，也能与领导行为、组织流程、组织内外的人际关系、评价和控制系统协调一致。道德文化的有效建设要求持续统一的管理理念，并非在短期内就能一蹴而就。回望IMA百年发展历程，无论中国、美国乃至世界各国，我们需要更多具备正直商业伦理和娴熟专业技能的会计师。

IMA 《职业道德守则公告》

关于 IMA《职业道德守则公告》

自 1919 年成立以来，IMA 一直致力于倡导其成员及整个行业践行最高标准的商业道德行为。在 20 世纪 80 年代初期，IMA 通过发布其首个书面道德准则《管理会计师职业道德标准》（Standards of Ethical Conduct of Management Accountants），在道德领域发挥了卓越的领导作用。2005 年，随着全球财务方面的丑闻被频繁公之于世，加之组织对于更直接的道德指南的需求与日俱增，IMA 审时度势，根据当时全球道德环境状况，发布了新的指引，IMA《职业道德守则公告》应运而生。按照《职业道德守则公告》要求，每位 IMA 成员须致力于奉行最高标准的道德行为。

在充分考虑了商业和监管环境的诸多变化（包括经济全球化及管理会计行业的发展演变）后，IMA 决定于 2017 年以《管理会计公告》形式发布一份修订后的《职业道德守则公告》。这份新版公告更为简洁，更易于理解和应用，更为充分地反映了全球范围内管理会计的行业现状。此外，该公告要求 IMA 成员在其所在组织中为树立积极的道德文化做出贡献，并将职业诚信置于个人利益之上。这些要求充分体现出 IMA 成员需要发挥积极作用，确保所在组织建立强大、开放和积极的道德文化。

IMA 成员的行为应符合职业道德要求。承诺恪守职业道德需要遵循 IMA 所制定的总体原则，总体原则彰显了 IMA 所信奉的价值观和标准，可为其成员及整个行业提供行为指导。

一、原　　则

IMA 所制定的总体职业道德原则包括诚信、公平、客观和负责。IMA 成员应按照总体原则行事，并鼓励所在组织的其他人士遵守该原则。

二、标　　准

IMA 成员有责任遵守并坚持"能力、保密、正直和可信"四项职业道德标准。如不遵守以上标准，将受到纪律处分。

（一）能力

（1）通过充实知识储备和提高技能水平，保持适当的职业领导力和竞争力。

（2）按照有关法律、法规和技术标准，履行专业职责。

（3）提供准确、清楚、简洁和及时的决策支持信息和建议。识别风险并协助组织进行风险管理。

（二）保密

（1）除授权或法律要求之外，禁止披露机密信息。

（2）告知有关方面或人员恰当使用机密信息；通过监督确保合规性。

（3）禁止为谋取违反职业道德或者法律规定的利益使用机密信息。

（三）正直

（1）缓解实际利益冲突。定期与业务伙伴进行沟通，避免出现明显利益冲突。就任何潜在的利益冲突向各方提供建议。

（2）避免从事任何有碍于以符合道德规范的方式履行专业职责的行为。

（3）避免从事或支持任何可能使管理会计职业信誉受损的行为。

（4）促进培养积极的道德文化，并将职业诚信置于个人利益之上。

（四）可信

（1）公平客观地沟通传递信息。

（2）提供可能合理地影响预期使用者理解报告、分析和建议的所有相关信息。

（3）按照组织政策和（或）适用法律，报告信息、及时性、流程或者内部控制上的延迟或者缺陷。

（4）交流沟通专业或其他方面的限制因素，避免对做出负责任的判断或某项活动的成功执行造成阻碍。

三、解决职业道德问题

在应用《职业道德守则公告》过程中，IMA 成员可能会遇到违反职业道德的问题或行为。在这些情况下，不应视而不见，而应积极寻求解决相关问题的方法。在确定要采取的措施时，成员应考虑所涉及的所有风险以及所在组织是否存在防止报复的保护制度。

面临违反职业道德的问题时，IMA 成员应遵守所在组织的既有政策，包括使用匿名举报系统（如有）。

如果组织没有制定相关政策，IMA 成员应考虑采取以下行动方案：

（1）在解决职业道德问题过程中，可与直接上司讨论。如果直接上司有牵涉其中的嫌疑，则将该问题报告给更高一级上司处理。

（2）IMA 提供匿名帮助热线，成员可致电询问如何通过《职业道德守则公告》的关键要素来解决职业道德问题。

（3）成员应考虑咨询自己的律师，以了解与该问题有关的任何法律义务、权利和风险。

如果上述行动方案无法成功解决问题，成员不妨考虑与该组织解除关系。

IMA 道德热线电话号码（美国或加拿大）：（800）245-1383。

其他国家或地区，请通过 www.att.com/esupport/traveler.jsp?tab=3 网站拨打 AT&T 美国直接接入号码，然后拨打以上号码。

评论

多方面助推我国会计行业职业道德建设

——评IMA《职业道德守则公告》

宋 航

IMA在提升管理会计职业的最高道德标准方面发挥了长期的领导作用，自1919年成立职业道德委员会以来，陆续制定了多项管理会计师职业道德守则，并将其作为CMA考试的一部分。2017年，在经济全球化与资本市场一体化等外部环境驱动下，IMA再次修订了《职业道德守则公告》。该公告是IMA战略最新组成部分，其中要求并不低于国际会计师职业道德准则理事会（IESBA）标准，双方形成很好的补充。公告延续了旧版结构，主要分为总体职业道德原则和具体职业道德标准——IMA都做出了相应的补充和修正，可以供财务专业人员广泛使用，并将此作为自身所在机构职业道德守则的基础。目前，许多机构已将这一守则作为最佳商业惯例来指导日常实践，因此，公告也是IMA成员引以为豪的文件资料。

一、公告内容详解

从总体职业道德原则上看，IMA要求诚信、公平、客观和负责。诚信要求认真负责地处理手头工作，并保证所有分析和沟通结果的真实性。公平要求在特定情况下做出决定时，要公正和具同理心地考虑他人的需求，并充分披露所有必要的背景信息。客观要求在得出最佳结论前，要不偏不倚、冷静地考虑，并评估相互冲突的各种观点。负责要求在所有被执行的行动中保持忠诚。这些"核心道德原则"主要是为专业财务人员在决策面临道德问题时提供额外指导和帮助，以保证协会每位成员的行为与这四项核心道德原则一致，同时，也鼓励其所在组织的其他财务人员遵守这些原则，以此规范自己的道德行为。

需要注意的是，这四项原则与下文"标准"部分规定的道德责任不同。遵守原则是自愿的，违反原则不会使成员受到潜在的纪律处分。由于原则并非强制行为，故更多地需要加强对财务专业人员的后续道德教育，使其了解道德不规范所引起的负面效应并自发遵守相关原则。并且IMA成员参与所有活动都需要遵守职业道德，而不仅限于其作为管理会计师和财务经理的行为，因此这些原则的使用范围更广。这四项总体原则是本篇公告的基础，并以此建立了四项具体的职业道德标准，提出了实践中"道德冲突"的解决途径。

四项具体职业道德标准分别是"能力、保密、正直、可信"。不遵守这四项标准，将予以惩罚，因此该标准带有强制性。第一是能力，与2015版《职业道德守则公告》相比较，主要变化有三点：首先，增加了"职业领导力"，并突出强调管理会计师的领导地位，强化了会计师的领导职责；其次，增加了"识别和协助管理风险"内容，强调了管理会计师有协助管理层进行风险控制的职责；最后，删除了2015版第四条："识别和沟通妨碍负责任的判断或者成功开展活动的职业限制或者其他约束"，使内容更加简明、适用，很好地拓展了管理会计师的职业能力及责任。第二是保密，与旧版相比，该项标准基本没有变化。第三是正直，与2015版相比，增加了第四条，即"促进培养积极的道德文化，并将职业诚信置于个人利益之上"，要求成员积极参与行动，来确保自身所在组织具有强大、开放和积极的而非弱势的道德文化。第四是诚信，此次增加了一条，即强调管理会计师要积极对"专业局限因素"进行沟通，强调了沟通在解决职业道德问题中的重要性。而在解决职业道德问题的方法中，公告给予了明确的步骤和方法，IMA成员不应忽略违背道德的问题或行为，需要采取积极行动加以解决。

综上所述，本篇公告在六个方面具有更深远的意义。第一，更加强调管理会计人员的职业领导力，有助于提高管理会计师的职业地位。光有"专业能力"远远不够，管理会计人员还必须有"职业领导力"，只有优秀的"职业领导力"加上熟练的"专业能力"，才能完成新形势下的管理会计咨询服务工作。第二，强调管理会计师不仅要提供决策支持，还要负责企业日常风险管理工作，需要帮助企业识别风险、管理风险并最终化解风险。这提升了管理会计的价值与重要性。第三，提出管理会计师帮助企业建立积极的道德文化，推动企业自觉守法经营，有利于优化执业环境，减少管理会计师与企业间的道德冲突。第四，要求职业诚信置于个人利益之上，从源头解决了利益冲突下如何进行抉择的难题。从长远发展出发，这有助于管理会计师整体声誉的提升，也有利于整个行业的发展和壮大。第五，完善了诚信标准，要求管理会计人员对专业局限因素做到充分认识并进行有效沟通，将专业局限和信息不对称降到最低。这将提高管理会计职业的可信度，有利于管理会计行业做大做强。第六，优化了解决道德问题的系统思路，从总体上考虑解决道德问题可能蕴藏的风险及可能遭受的打击报复。从具体步骤来看，该新思路比以前更加合理、更加完善，是在保护管理会计师个人安全的情况下解决道德问题。这样既能更有效地解决道德问题，也能更好地保护会计师的人身安全。

二、具有重要借鉴意义

随着我国社会主义市场经济的快速发展，会计准则的不断完善，会计人员素质的不断提高，我国会计行业职业道德建设逐步加强。但总体来说，我国会计行业职业道德仍较为薄弱，存在许多突出问题。主要表现在以下方面：

首先，从主观上看，会计人员总体职业道德观念淡薄。许多会计人员在面临利益冲突时，往往不能够坚持原则，无法做到维护组织的集体利益，甚至为了一己私利，进行违法活动，如故意伪造、变造、隐匿和毁损会计资料，利用职务贪污、挪用公款等；还有一些会计师在执行独立审计业务时，无法严格执行独立、客观和公正的职业道德准则，明知委托人的会计报表有重大错漏却不予指明，出具不当的审计报告，为企业财务造假行为充当保护伞。

其次，我国法律对职业道德的相关规定欠缺，职业道德建设的法律环境不佳，会计人员坚持职业道德的法律保障和救济制度并不完善。在日常会计工作中，经常出现有法不依、执法不严和违法不究的现象，使得企业会计人员客观上降低了自我约束能力。再加上我国财政监督、税务监督和审计监督等标准不统一，多部门各自为政，功能上相互交叉，也使得监督机制不健全、不能很好的有效配合，从而无法从整体上有效监督违反会计职业道德的行为。另外，违反会计职业道德的成本较低，对非道德行为的处罚力度较弱，也在一定程度上助长了会计非诚信行为的发生。

最后，我国会计教育体系存在一系列问题，阻碍了会计人员综合素质的培养。优秀会计人员应该具备的不只是单纯技术性技能，更需要综合性素质的提升。通过系统性学习后，会计人员能够对财务会计和报告、财务报表审计、公司治理和风险管理等多方面进行判断和决策，但遗憾的是，对会计证书的过度强调，导致会计人员仅仅重视考试科目，而忽略了综合能力的培养。我国会计教育目前缺少对会计人员每一个维度的细致考察，即使我国注册会计师考试难度逐年增加，会计教育体系对提高行业综合素质并没有起到显著作用。尤其是对职业道德教育的忽视，使得会计人员整体道德水平与国际相比较低，也是我国会计人员非诚信行为频发的一个重要原因。

在推动我国会计行业职业道德建设过程中，我国已投入了大量的资源和人力，力图使之既吸收国际职业道德标准的核心原则，又适用于我国自身国情和职业环境。从这一角度出发，本篇公告为推动我国会计行业职业道德建设、提升会计人员职业道德意识方面，提供了重要参考和借鉴作用。首先，从宏观上需要明确会计人员的社会地位，将其综合素质培养上升到战略高度。会计人员不仅仅是企业经济活动的记录者，更是维护企业良好运营环境、降低企业整体风险、创造良好的市场经济环境的重要参与者。而加强会计人员继续教育，不能只局限于技能水平的提高，更要注重职业道德意识的培养。这需要在会计职业考试中设立合理有效的综合能力测试，降低对特定知识掌握程度的关注，加强个体综合素质与能力培养，从主观上提高会计从业人员的道德规范意识。其次，完善我国会计人员道德建设体系，无论从法律还是条例上规范会计人员职业道德标准，做到有法可依。这有助于财务专业人员切实遵守职业道德准则，进而有力提升和完善整个会计行业道德环境。

成本管理的行为因素

关于作者

尼克·A. 谢泼德（Nick Shepherd），拥有 FCPA、FCGA、FCCA、FCMC 资质，是 EduVision 公司的总裁，这家公司为客户提供咨询和专业发展服务，经营时间超过 25 年。尼克关注的领域包括组织领导学、愿景、价值观、规划和战略。他曾在北美、英国、加勒比地区、中亚和南非工作过。

一、执 行 摘 要

实现成本最小化是组织取得成功的关键。组织对管理会计师寄予厚望，希望其能够发挥核心作用，确保成本的各个方面都得到有效规划和控制，并持续开展评估以削减组织成本。虽然组织必须建立和实施有效的规划和控制系统，但只有在所有关键利益相关者承诺担负成本管理责任的情况下，组织才能取得积极的成本削减成果。某些组织能够实现这一点，并保持其竞争力，而其他组织则疲于挣扎。

本公告侧重于强调在营造有效的成本管理氛围时组织文化的重要性，并借鉴了针对有效财务控制中的文化重要性而开展的现有研究。最终，成本由做出有效日常决策（这些决策会驱动成本）的生产线经理和个人所控制。为了有效降低成本，相关人员必须做出行为承诺，同时必须提供和了解必要的成本信息。本公告提供了一个成本因素框架（即 5C 框架），该框架列出了实现有效成本削减所必需的文化（culture）、关注（care）、沟通（communication）、协作（collaboration）和持续（continuation）五种核心方法。

有效的成本控制不是通过短期计划方式来实现的，而是让节约和成本控制成为组织价值观，并融入组织文化。在这方面，组织高层必须一马当先，而每位经理必须通过自身行为，施行和鼓励成本节约，强化有效的成本控制。在提供成本信息并将信息与决策制定相结合方面，会计发挥着关键作用。如果针对成本信息与决策之间相互联系的沟通不畅，那么相关人员对于成本信息的了解及有效的成本控制也就无从谈起了。许多成本是在业务流程中产生的，涉及范围不局限于组织某个特定部门，因此需要内外部人员之间相互协作。最后，组织对于成本控制和实现成本最小化必须给予始终如一的关注，而不是仅仅在利润率收紧时才予以重视。新兴的行为研究表明决策背景（如与成本相关的因素）会对结果造成影响，因此，为成本管理营造适当的文化氛围非常重要。

虽然组织亟须通过新系统［如作业成本法（ABC）和分析系统］来收集和提供信息，但还需营造相应的文化，将所获取的成本数据从见解转化为提高成本绩效的行动。本公告针对成本系统、成本成熟度模型以及成本核算方法（如 ABC 和目标成本核算法）

的设计进行了补充和讨论,[①] 还介绍了关键的组织行为方法,以便让相关系统带来切实的益处。特别值得一提的是,本公告是对题为《价值观与道德规范:从确立到实践》的管理会计公告的补充,旨在将价值观与职业道德融入组织文化之中。[②]

二、成本管理发展简史

在管理会计发展初期,财务专业人员就一直在寻求能够为组织决策提供价值的成本收集和报告方法。财会人员一直在不断探索有效的成本管理解决方案,以反映组织运营的实际情况。19 世纪末和 20 世纪初,标准成本核算在乔治·P. 哈里森(George P. Harrison)、G. 查特·哈里森(G. Charter Harrison)、亚历山大·哈密尔顿·丘奇(Alexander Hamilton Church)等人的推动下脱颖而出。随着众多领先组织,特别是阿尔弗雷德·斯隆(Alfred Sloan)领导下的通用汽车公司,采纳了弗雷德里克·温斯洛·泰勒(Frederick Winslow Taylor)提出的科学管理方法,工业工程领域取得了巨大发展,在此背景下,标准成本核算的地位越来越突出。这为标准成本核算模型奠定了基础。

20 世纪 20 年代至 70 年代,许多组织,特别是大规模生产制造企业,都采用了标准成本核算和成本差异分析,以便了解计划成本和实际成本之间的差异。这为组织决策提供了依据,以妥善管理成本绩效,并识别和解决相关问题。然而到了 1987 年,正如《管理会计兴衰史:相关性的遗失》指出的那样,很明显,传统方法的有效性逐步下降,组织迫切需要采用新的方法。[③]

20 世纪 70 年代末和 80 年代初,业界发生了三个重大变化。首先,大规模生产模式下生产的产品——从电子产品到汽车——在全球贸易中的竞争力越来越强,业界需要更多地专注于了解成本、质量以及流程管理。其次,制造商积极应对运营和成本方面的挑战,自动化日益取代直接人工,在降低了传统意义上的直接成本的同时,往往也增加了

---

① International Federation of Accountants (IFAC) and Professional Accountants in Business (PAIB), "Evaluating the Costing Journey: A Costing Levels Continuum Maturity Framework 2.0," 2012, www.ifac.org/publications-resources/evaluating-costing-journey-costing-levels-continuum-maturity-framework-20.

② Statement on Management Accounting (SMA), *Values and Ethics: From Inception to Practice*, Instituteof Management Accountants (IMA®), 2008, www.imanet.org/resources-publications/thought-leadershipnew/new-business-leadership-ethics/value-ethics.

③ H. Thomas Johnson and Robert S. Kaplan, *Relevance Lost: The Rise and Fall of Management Accounting*, Harvard Business School Press, Boston, Mass., 1986.

间接成本。最后，随着制造业的日益成熟，特别是在发达经济体中，金融服务等服务业蓬勃成长，业界需要更多地关注间接成本。

从 20 世纪 90 年代至今，因为上述变化的出现，运营和成本管理领域有无数新方法如雨后春笋般纷纷涌现，例如，操作专注于流程管理的作业成本法（ABC）和作业管理（ABM）、六西格玛、精益会计、资源消耗会计（RCA）、价值管理（VBM）、产量会计等等。

许多组织，如 1972 年由美国商务部设立的美国国际先进制造联盟（Consortium of Advanced Management International，CAM-I），为了应对日益上升的竞争压力，对新的运营管理方法进行了研究（该机构为"超越预算圆桌会议"的创始机构，并针对预算和规划等领域开展了初步研究）。同一时期，国际会计师联合会（IFAC）将研究重点放在了探索会计行业的前沿理念上，以便将其纳入并用于完善财务报告和控制方法（包括成本核算）。

近年来，随着竞争力的提升，管理会计师在支持业务决策方面发挥着更为重要的作用，在此背景下，IFAC 通过其下属工商业界职业会计师委员会（PAIB）扩大了自身的职责范畴。PAIB 发布了两篇基础性报告，为 21 世纪 10 年代后期针对决策制定开发有效的成本核算打下了基础。[①] 在此期间，美国管理会计师协会（IMA）和其他多家领先的财务管理组织也在积极地开展调研工作，通过编写和发表文章、论文以及其他宣传方式，以体现成本管理新方法的价值。

随着这些新方法在组织、收集、验证、分析和报告成本信息等方面的应用，业界就此围绕如下问题展开了持续的讨论，即为何这些方法在某些组织中能有效发挥作用，但在其他组织中却未能实现预期效益。管理专业人士开始着手针对取得成功的组织进行调研，并逐步拓展到美国和世界其他国家优秀的商业模型，以确定成功管理的要素。[②] 针对该等模型进一步开展的研究表明，虽然每个模型都具有独特性，但它们具有一些共同特征，包括在以下方面表现出的有效性：[③]

（1）领导力；
（2）规划；
（3）专注于客户/市场（客户、公民）；

[①] IFAC and PAIB, "Evaluating and Improving Costing in Organizations," 2009; and IFAC and PAIB, "Evaluating the Costing Journey: A Costing Levels Continuum Maturity Framework 2.0," 2012.
[②] 以鲍德里奇国家质量奖（Baldrige Awards）为例，其设立的目标在于"……甄别并表彰业内标杆企业。"
[③] Nick Shepherd, *Models for Excellence*, 2001（unpublished）.

(4) 员工参与度；

(5) 合作伙伴（供应商和其他第三方）的参与；

(6) 流程设计、开发和执行；

(7) 覆盖面广的绩效管理和报告系统。

此外，绝大多数模型都有需要设计反馈回路的固有要求，以此来持续改进规划和运营活动的方方面面。

这些模型，连同针对全球组织最佳实践所开展的研究，逐步揭示了成功来自有效工作方法以及创建组织良好文化氛围的双重作用。具有代表性的公司包括万豪、丰田、强生、宝洁。①

自20世纪40年代以来，以任务导向和关系导向为特征的领导力已经获得广泛认可。虽然任务一直是传统意义上组织的关注点，但越来越多的研究结果表明，关系同样至关重要。② 特别需要指出的是，针对丰田成功模式的研究有力地佐证了这些新的成本管理方法。③ 此外，行为经济学领域以及有关环境是如何影响决策的新兴研究，也与有效的成本管理方法的相关讨论息息相关。④

有效的财务管理和成本效益需要反映上述转变。业界需要新的方法、工具和系统来反映成本行为的不断变化，但这些新方法必须在一种支持、鼓励和奖励利益相关者参与信息使用的文化氛围下实施。这种情况只可能出现在任务和关系两者实现了平衡的企业文化中。

特许公认会计师公会（ACCA）已经发表了一系列研究报告，来证明了企业文化在有效财务管理中扮演的重要角色。其中一份题为《文化和引导企业行为》（*Culture and Channelling Corporate Behaviour*）的报告指出，"职能行为有助于为组织及大多数利益相关者创造具有可持续性的长期价值"⑤（注：ACCA 与 IMA 在开展会计行业未来发展的前沿研究方面保持了合作关系）。

---

① 相关例子参见：*Fortune*, "100 Best Companies to Work For," 2014, http://fortune.com/bestcompanies.
② N. Heapart and P. Smyth, *Reflective Leaders and High-Performance Organizations*, iUniverse, 2012.
③ Jeffrey Liker, *The Toyota Way*, McGraw-Hill, 2004; and Jeffrey Liker and Timothy N. Ogden, *Toyota Culture*, McGraw-Hill, 2008.
④ Noah Smith, "Finance Has Caught On to Behavioral Economics," *Bloomberg View*, June 9, 2015, www.bloombergview.com/articles/2015-06-09/finance-has-caught-on-to-behavioral-economics.
⑤ Paul Moxey and Pauline Schu, "Culture and channelling corporate behaviour," Association of Chartered Certified Accountants (ACCA) and the Economic and Social Research Council (ESRC), 2014, www.accaglobal.com/content/dam/acca/global/PDF-technical/corporate-governance/tech-tp-caccb.pdf.

三、范　　围

本公告为组织围绕组织文化及个人行为因素实施成本控制和削减提供了一个框架。该框架简要说明了如何将预期行为纳入组织的战略基础和价值观；以上文五个核心要素为支撑，而这些要素为成本信息的沟通提供必要渠道，帮助相关人员了解成本信息，进而推动组织有效的决策制定。

本公告并未针对单个成本核算系统和方法进行详细讨论，因为目前已有多篇公告对成本管理的新工具、新技术和新系统进行了充分的探讨。[1] 此外，题为《价值观与道德规范：从确立到实践》的管理会计公告提出组织必须营造恰当的文化氛围，支撑有效的行为框架，从而推动组织施行成本管理和削减。[2]

四、成本管理的有效框架

高级财务负责人和其他高管团队成本必须积极响应组织的成本削减要求，在许多情况下，这项工作由高级财务管理人员（财务总监或同级人员）负责。但首席财务官（CFO）通常并不负责组织成本的实际管理工作，而是由组织的生产线经理及其下属通过采取行动和方法来加以控制的。

因此，CFO若想成功削减成本，只能通过对他人的行动施加影响得以实现。虽然在短期内，成本削减计划可以实现超额成本减少，但这不足以维持组织对于成本削减的持续关注。实际上，在最坏的情况下，成本削减计划成了一个针对逐步上涨的成本或市场变化而形成的"膝跳"反应。现已发表的文章和研究报告表明，取得成功的组织在许多方面实现了有效成本管理：[3]

---

[1] Statement on Management Accounting (SMA), *The Conceptual Framework for Managerial Costing*, IMA, 2014.

[2] *Values and Ethics: From Inception to Practice*, IMA, 2008.

[3] Oliver Wyman, "The Ownership Culture: Expanding cost management from an event to a mindset," 2008, www.oliverwyman.com/content/dam/oliver-wyman/global/en/files/archive/2008/OWD_The_Ownership_Culture_WP_1210.pdf; Chartered Accountants—Australia and New Zealand, "Creating a Cost Conscious Culture," 2012, www.charteredaccountants.com.au; Mozey and Schu, 2014; and Jon Katzenbach, *A Perspective on Organizational Culture*, PWC and The Katzenbach Center (originally published in 2011 by Booz & Company), May 2014, www.strategyand.pwc.com/media/file/Strategyand-Perspective-on-Organizational-Culture.pdf.

（1）它们根植于一种文化，在这个文化中，控制和成本改善已经深深嵌入组织的 DNA 之中；

（2）它们激励和支持员工关注成本，鼓励员工为实现成本改善献言献策、分享利益、反对浪费；

（3）它们通过适当的成本核算工具和系统来跟踪、监控和报告成本，进而有效地传递成本信息；[1]

（4）它们鼓励通过流程思维、跨部门沟通和合作来实现协作；

（5）它们持续关注成本改进，其中包括生命周期思维、持续改进以及避免将成本削减作为一项计划实施。

这五个方面构成了有效成本管理 5C 框架的基础。

（一）有效成本管理和控制的目标

成本管理的总体目标是确保组织在激烈竞争中维持生存能力。政府对成本进行有效管理，可以将稀缺资源用于满足最为紧迫的需求，让管辖范围内的税率保持低水平，从而有助于形成国家竞争力。非营利组织可以利用其有限的资源，提供更多样的服务，覆盖更广泛的客户群体，提高产品或服务质量及可持续性。在营利部门，成本控制是确保组织在提供具有竞争力的产品和服务功能及定价同时，保持强劲盈利水平的关键。面对供应链及资源市场成本（如劳动力成本、效益成本、供应商成本以及其他成本）竞争激烈的现实情况，组织必须实现这一目标。

经济理论模型表明，在自由市场中，新产品的价格可以由卖方决定。但随着竞争者进入市场和产品供应量的增加，价格最终被拉低；除非成本得到削减，否则会导致毛利润和净利润的下降。波士顿管理咨询公司（BCG）的业务组合规划模型对该生命周期法进行了阐释。[2]

对于希望保持竞争力的组织而言，创新周期（包括产品改进和新产品发布）通常是永无止境的。因此，这也说明了成本控制和削减必须成为组织持续关注的重点，而不是一项项目计划。为了说明这一点，图 1 将传统成熟度模型中的收入增长和下降与同一周期内的利润率状况结合在一起。

---

[1] *The Conceptual Framework for Managerial Costing*, IMA, September 2014.

[2] NetMBA, "The BCG Growth-Share Matrix," www.netmba.com/strategy/matrix/bcg.

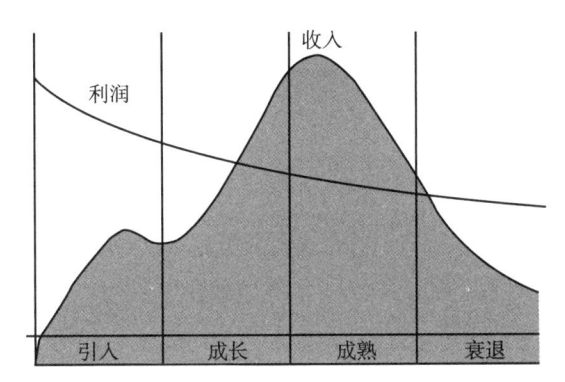

图1 显示收入增长和利润下降的成熟度模型

从传统意义上来说，该模型适用于分析产品的直接成本。然而，通过加深对成本行为的理解，我们发现随着产品的差异性和产品的不断丰富（例如，更多的颜色、尺寸和范围），相较于直接成本，产品间接成本的增加幅度更大。由于为成果产出流程提供支持变得越来越复杂，这导致了产品间接成本的增加。此外，还需要计算分销、销售、市场营销、客户服务和会计等环节的非产品成本，以便报告和分析产品毛利润率项下的渠道及客户的利润率。[①] 例如，组织需要减少每笔应付账款的发票费用、每个销售电话的成本以及每1美元收入的销售成本。因此，不断了解并降低组织活动各个方面的生产和服务成本对于维持组织的竞争优势同等重要。

虽然许多组织试图通过外包整个职能部门来实现成本削减，但这只是将成本削减的负担转移给了第三方，而不是继续由组织承担。因此，供应商的成本削减对于组织维持竞争优势也是至关重要的。

（二）成本管理重点的转变

虽然组织降低成本的目标是一如既往的，但为实现这一目标，组织关注的重点领域却发生了变化。在制造型组织中，人们对直接材料和直接人工的理解早已十分透彻。通过自动化、流程精简、削减任务和其他流程改进来不断努力地降低人工成本，这项工作已经取得了巨大的效益。如果只能通过调整小时工资率来减少人工成本，那么组织可采取的解决办法就是将工作外包、转移至成本更低的地区（可能是海外），

[①] Gary Cokins, "Measuring and Managing Customer Profitability," *Strategic Finance*, February 2015, www.ima-net.org/docs/default-source/sf/2015_02/02_2015_cokins.pdf?sfvrsn=2.

对美国而言，也可能是那些通过了工作权利法案但没有设立工会的州。减少原材料成本的传统方法包括在供应商之间进行竞价招标，以及在原材料成本走低时更换供应商。同样，在许多情况下，这还涉及以更低的成本从海外市场采购，降低单位成本以及增加一定的运输量。

许多组织的间接成本通常是由责任中心控制的，将成本分配至由管理人员控制的成本中心，并按照费用类型来跟踪成本。成本削减通常是通过持续关注减员情况和严格控制费用来实现的。

随着直接成本的下降以及（或）将相关业务外包，较大部分的成本要取决于与供应商的谈判结果，而不在于内部控制，这导致买方与卖方之间形成了更高的相互依赖度。随着直接成本的整体下降，间接成本构成了大部分成本基数。通过减员来降低成本经常会导致组织运转陷入混乱，因为各个成本中心的管理人员一心降低所管理的成本中心成本，但却给组织内部的其他部门带来负面影响。由于许多内部流程跨越了组织边界（即孤岛），人们已经认识到孤岛管理会造成影响并引发问题。[1] 此外，流程各个环节的业务活动之间存在高度的相互依赖性，某一领域成本的降低可能给其他领域带来运营问题和成本压力。最后，在任何与客户接触的工作领域，全面削减成本通常会导致运营能力下降、客户服务减少及声誉受损。这一点通过市场营销、销售、工程和设计、会计、人力资源、信息技术以及其他领域即可见一斑。这一问题削弱了组织能力，从而减少了组织的无形价值（商誉）。

随着组织活动架构发生变化，规划、控制、管理、报告和成本削减的方法也必须做出改变。

1. 向无形价值转移

另一项重大的根本性转变发生在 30 多年前。[2] 组织价值原本由 80% 左右的账面价值及 20% 的无形价值构成，但目前情况发生了反转，80% 的组织价值属于未在资产负债表上得到反映的价值。

无形价值通常包括人力、结构和关系资本。更具体地说，无形价值代表了组织通过人员、流程、领导力、品牌、声誉、与供应商、客户、经销商、监管机构及其他各方的

---

[1] *Harvard Business Review Press on Collaborating Across Silos*, Ideas with Impact series, Harvard Business School Publishing, 2009.

[2] Statement on Management Accountants (SMA), *Unrecognized Intangible Assets: Identification, Management, and Reporting*, IMA, 2010.

关系、员工的创新能力等交付成果的能力。[1] 表 1 提供了一个示例，列示了截至 2014 年 12 月，苹果、谷歌和可口可乐公司的价值，其中包括它们的市场价值、由 Interbrand 公司和 Brand Finance 公司确定的品牌价值以及账面价值。在"其他无形资产"一栏，表格采用了 Interbrand 和 Brand Finance 二者估计数中的较低者，而后将这一数据用于计算"账面价值占比"，借此表示账面价值占总市值的百分比。

表 1　　　　　　　　　　价值、品牌和无形资产的示例　　　　　　　单位：百万美元

A	市场价值	2014 年的品牌价值		账面价值	其他无形资产	账面价值占比
	B	C	D	E	F	G
		Interbrand	Brand Finance			
苹果	643120	98316	(104686)	124183	420621	19%
谷歌	355000	(98291)	68620	96000	190380	27%
可口可乐	184930	(79213)	33722	30321	120887	16%

组织绝大多数能力是通过组织成员的努力工作、跨越组织边界进行有效合作的能力、与重要第三方开展协作的能力以及为达成这一目标所建立的相互关系而取得的。这种能力组合可被定义为组织文化。而全方位的成本削减方法会削弱无形资产的能力，破坏组织文化，从而导致归属于这些无形资产的价值被大量消耗。

虽然成本削减和持续改进是组织的重要工作，但所采用的方法必须有的放矢、具有针对性，以确保其不会耗尽无形价值并影响到组织能力和产能。

2. 优化组织价值

通常，我们可以通过审视资产负债表所列报的价值以及公司创造收益和现金流、向投资者支付股息的能力来确定组织价值。通常来说，管理层的职责是保护和增加股东价值。在私营公司中，这一职责尤为重要，因为企业价值可以构成所有者主要资产的基础（这些资产将在报废后予以出售）。

传统的盈利报告显示，管理人员可以在短期内降低成本，但随着时间的推移，这样做往往会耗尽组织的价值。但是，组织价值的消耗并不会立刻显现出来，直到后期因组

---

[1] Statement on Management Accountants（SMA），*Unrecognized Intangible Assets：Identification，Management，and Reporting*，IMA，2010.

织内部的无形资产开始丧失有效协作和合作的能力，最终导致收益出现下降。等到这一切真正发生时，公司往往已经发放了短期奖金，负责人已另谋高就，给继任者留下一个烂摊子——组织能力已消耗殆尽，需要进行重建。反过来，这种局面可能进一步消耗取得的收益，因为组织有必要对无形资产再次进行投资。尽职尽责的管理人员所面临的关键挑战是，不以消耗这类无形价值为代价进行成本控制。

在并购中，这个问题表现得尤为突出。各类专著和分析指出，并购交易的失败率在50%~80%。[①] 业界进行兼并或收购的理由往往是认为两家公司的合并能带来更大的机会和更高的收益。在许多情况下，部分合理理由是合并之后，实体有可能实现成本的降低。许多并购失败案例可以归结于两个组织的整合造成了价值的损失，特别是在整合运营以降低成本方面。如果所采用的方法不具针对性，并导致价值消耗，其最终结果是组织商誉受损甚至荡然无存，而收益减值。

若想优化组织价值，我们应当将组织视为一个"系统"，是通过各个部分的相互作用形成的，而各个部分则通过创造能力和产能来驱动价值。如果成本削减方法不具有整体性，而且不承认系统各个部分的相互依赖性，那么，整体价值就会消耗殆尽。

3. 运营能力、无形资产和成本控制

过去 30 年，我们认识到了核心运营能力的发展对于价值创造的重要性。我们可以将组织简单地视为投入材料、具有处理能力，能实现产出的实体。供应商和供应链聚焦于投入，处理能力则专注于流程管理和资产利用，而产出是指能带来利益的成果。

私营部门的目标是提供满足客户需求的产品和服务；而公共部门的目标是满足公众所需。这些方面提升了组织的运营能力和产能，但同时也提高了成本。

通过采购和供应商关系来获取投入的方法已经发生了重大变化。价值是通过有效的供应链关系来创造的，而后者可以推动创新和提高创造力，从而充分利用买卖双方（共享收益）的价值贡献。包括强制降价在内的传统成本削减方法可能会让供应商疏远组织，并侵蚀通过相互依赖的有效供应链所创造的价值。

此外，在剔除购买成本之后，业界长期认为组织剩余成本的 75%~90% 是在业务流程运行过程中产生的（这是应用 ABM 和 ABC 的基础）。如前所述，业界已经对与直接人工成本相关的业务流程有了充分的认识，但是它们在总成本中的占比越来越小。然而，对于与间接成本相关的流程，业界对其影响往往了解较少，而它们在总成本中的占

---

① Paul B. Carroll and Chunka Mui, *Billion Dollar Lessons*, Portfolio/Penguin Group, 2008.

比越来越大。这些流程为耗费直接成本的部门提供支持，使之有能力来有效执行工作。这类例子包括采购流程、招聘流程、工程和技术支持、订货处以及呼叫中心等部分。

由于绝大多数此类流程在执行过程中都会跨越组织边界（或孤岛），因此需要进行高度交互。如果业务流程首尾相连，而成本按照"孤岛"方式进行管理，那么，诸如减员这样的全面成本削减方法会带来很高的风险，会破坏流程各个部分的有效运转。最坏的情况下，当管理人员试图保护自身资源时，这些方法会在"孤岛"周围加建围墙，从而减少了沟通、协作和合作；以每项交易的成本作为考量因素会导致流程有效性降低，执行速度放缓，创新不足。简而言之，传统的成本削减方法可以迅速耗尽组织产能和价值。

在当前的全球竞争中，能为组织带来无形价值的另一个因素是组织如何打造以客户为本的能力。这涉及市场知识、客户的参与、对问题和事项的响应、持续的价格竞争力、高质量、供应渠道的覆盖面。虽然客户列表可能具有一定的无形价值，但通过买卖双方的互动所创造的价值作为组织的资产则具有更大的价值。随着买卖双方互动的继续，他们在供应商更换成本等诸多方面能够达成越来越多的共识。传统的成本削减方法往往会损害这类关系，而关系的建立和发展是需要时间的。

接下来，在创造和保有价值方面，智力资本和知识管理变得越来越重要，影响到所有情形下的人员管理。受到激励的员工通常表现出更高的协作、沟通和合作水平，对工作以及组织目标投入更大的热忱。人员是绝大多数无形价值创造过程中最核心的驱动力。他们开发和改进流程，进行创新，携手合作以创造一个反应敏捷的组织。失业威胁较小使得他们愿意实施变革，而且通常会接受重新安置和组织提供的培训机会。随着速度和创新成为越来越重要的核心竞争优势，培养具备敬业精神、具有主观能动性的员工就显得越来越重要。这是一个基础性问题，只有通过培养组织文化，承认变革对人员的影响，并提供方法和体系让员工充分参与各个阶段的变革，才能解决这一问题。这个问题对管理人员的领导力培训有着不可低估的巨大影响。

如果成本削减方法将员工拒之千里之外，那么，就会给员工的主观能动性带来重大影响。对于只能接受的事情，员工不会做出积极的反应。只有当他们信任管理人员并参与变革的相关讨论时，通常才会更加愿意应对挑战和解决问题。因此，自上而下的全面成本削减方法会给组织价值以及其保持竞争力的持续能力带来显著的负面影响。

最后，幸存下来的制造型组织往往实现了高度的自动化。实施应用直接连接到生产线的适时生产（JIT）等系统、贯穿生产各个阶段的连续流程、灵活应用可变生产（弹性制造）模式、与航运组织及中间或终端客户的整合，组织可以将流程与供应商和投入直接连接起来。这一自动化流程需要将组织看作一个系统，其中各个部分必须发挥作用，否则整个系统将陷入瘫痪。

为了实现投资回报的最大化，身处组织系统各部分的相关人员有必要再次进行密切合作，并保持相互依赖性。在这种情况下，为保障自身预算水平，各个部门各自为政进行管理并划分明确界限，产生的影响极其不利。成本削减必须在各个部分高度依赖的前提下，才能带来改善实效。虽然某些领域可能存在大幅削减成本的机会，但其他领域可能需要持续投入甚至加大投入，以对组织系统进行优化。这些理念大部分都是戈拉德（Eli Goldratt）提出的关于能力管理和优化工作的核心。戈拉德专注于系统因素，以期实现绩效的最大化的组织提供了更多的机会。[①] 此外，上述理念也是取得成功的组织（如丰田公司）的核心组成部分，此类组织注重实体的整体绩效，并认识到各个部分之间存在高度的相互依赖性。

4. 关系和成本控制

对于许多组织而言，特别是银行、保险和其他服务业公司，劳动力总成本仍然是运营成本的最大单项支出，组织一直致力于寻找削减这类成本的机会，因为这些成本可以最大限度地改善利润状况。

组织文化为如何建立关系奠定了基础。许多成功的组织，如强生公司，已经形成了明确的价值观，用于指导自身行为以及如何建立发展各种关系。[②] 通常，有效关系的基础是信任、相互尊重、认同、多样性和沟通。[③] 这些价值观不是一朝一夕形成的，需要长时间的发展演变。

在许多领域，竞争优势乃至组织价值都源于关系，例如以下各者之间的关系：

（1）股东、董事会和管理层；

（2）领导者、管理人员和其他员工；

（3）不同领域、部门、国家、地区和分部的员工；

（4）供应商和组织；

（5）经销商和销售商；

（6）消费者、客户和组织员工，包括销售、服务、行政管理、设计和其他领域；

---

① Eliyahu Goldratt, *The Goal*, North River Press, 1984.
② Johnson & Johnson, "Our Management Approach," www.jnj.com/about-jnj/managementapproach.
③ Steven M. R. Covey, *Managing at the Speed of Trust*, Free Press, 2006.

（7）其他利益相关者，如企业经营所在地的社区、地方政府和监管机构。

成本削减方法可能会损害外部、内部以及和客户建立的关系。举例说明，在减少供应商成本的短期行为方面，其做法包括威胁供应商或变更供应商（通用公司等组织过去普遍采用的策略）、在未进行沟通的情况下做出单方改变、不遵守合同（如不遵守所达成的支付条款）。削减领导力培养和培训方面的费用、不公平地对待员工、未能就影响到员工的变革展开沟通、没有制定认可和奖励制度以便与员工分享节约收益，这些做法都会损害内部关系。客户关系可能会受到成本削减方法的显著影响，如放缓信贷和退货速度、缩减呼叫中心规模和减少响应、减少服务人员人数、单方面修改供应或服务条款来节约资金，从而改变价值主张等。

上文提到的各点都不应视为成本未得到削减的原因所在。任务保持不变——依旧是降低成本。但是，人们在商业关系中的互动方式会给组织能力和价值带来最大影响。

5. 组织和战略可持续性

股东需要了解组织当前的绩效和风险状况，以确保他们对未来做出明智的投资决定。在公共组织的年度报告中，《管理层讨论和分析》（MD&A）或《管理层声明书》概述了组织过去的业绩，确定了未来运营能力所涉及的关键因素。此外，审计师需要对组织执行的持续经营能力进行审查，以评估组织的持续经营性。这两项要求涉及的是事关组织未来是否能够继续保持经营能力的组织财务能力。

对于拥有大量无形资产的组织而言，评估其未来运营能力的难度更大。虽然有关无形资产报告和绩效指标的讨论不在本公告的涉及范围内，但财务管理人员需要了解可持续发展驱动因素的影响，特别是无形资产带来的影响。此外，财务管理人员还需要采取方法来评估管理人员的行动是否会消耗、维持抑或提升这些驱动因素的能力，特别是在实施成本管理方法时。

组织采取行动来削减成本但却缺乏针对性，可能会损害无形资产的有效运作能力，减少并可能破坏组织的竞争优势以及未来的可持续发展。传统的财务报告只能通过回顾历史来揭示问题，但等到发现收入和利润率有所下降时，为时已晚。

五、有效成本管理的 5C 框架

财务管理人员需要采用整体方法来控制和减少成本，这需要他们给予所选择的工具、方法和技术（如 IMA 管理会计公告《管理成本核算的概念框架》中所建议内容）同样的重视度，同时确定组织文化能够为财务管理人员专注成本管理创造有利条件。①

图 2 列示了成本削减整体方法的 5C 框架：文化、关注、沟通、协作和持续。核心基础是组织文化，而组织文化需要其他四个要素的支持。虽然财务高管不能单独控制文化，但他们身居要职，能与其他高管一起影响组织的决策制定。② 正是由于身处这个角色，他们必须将成本控制的有效性作为组织的重大问题予以重视，并形成广泛认识。

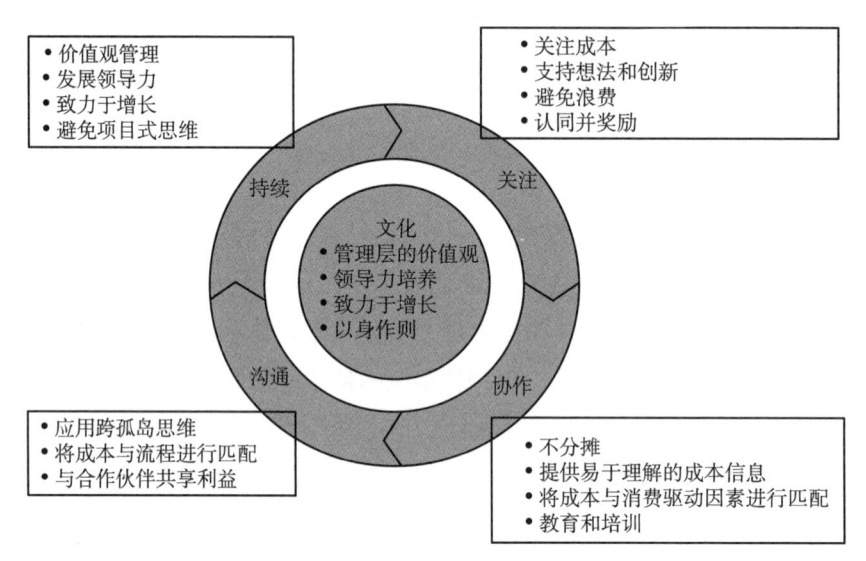

图 2 成本管理的 5C 方法

财务高管可以创建系统、实施控制、提供信息以及给出指导和建议，但成本控制的作用最终将渗透反映到组织的每项活动中。因此，有效的成本控制必须反映这一点，并融入组织的文化或 DNA 中。③ 财务高管对该框架的关键领域负有直接责任，并迫切需要对框架其他领域施加影响。我们将在下文更为详细地讨论每个方面，首先探讨如何确保将文化整合到组织战略中。

---

① *The Conceptual Framework for Managerial Costing*，IMA，September 2014.
② Strategy & Business，"Stop Blaming Your Culture，" www.strategyand.pwc.com/uk/home/what_we_think/uk_campaigns_events/display/uk_campaigns_stop_blaming_your_culture.
③ M. Heffernan，*Beyond Measure：The Big Impact of Small Changes*，M. TED Books/Simon & Schuster，2015.

（一）营造成本效益文化的战略方法

有效成本控制和成本持续削减的核心必须是能够支持和实现所需行动和决策的组织文化。这只能通过战略层面来实现，并将组织使命（预期结果的驱动因素）和价值观（预期行为的驱动因素）纳入战略之中。许多组织宣称自己拥有一套价值观，但是，这些价值观却很难成为组织文化和行为不可或缺的组成部分。[①]

为确定组织是否具备了所需的文化基础，财务管理人员需要提出以下两个问题：

（1）在业务规划框架中，组织价值得到了何种程度的陈述、考虑和融合？

（2）通过招聘、领导力发展、绩效评估、流程和政策调整等领域，预期行为在实践中得到了何种程度的有效实施？

员工调查和其他反馈意见将有助于确定基于价值观的、明确的行为预期在日常业务决策中的反映程度。

组织可以通过许多方法来制定业务规划框架，而每个组织都有自己的方式方法。图 3 中的 RP5 业务规划模型反映了所需的组织规划框架和方法的核心组成部分。[②]

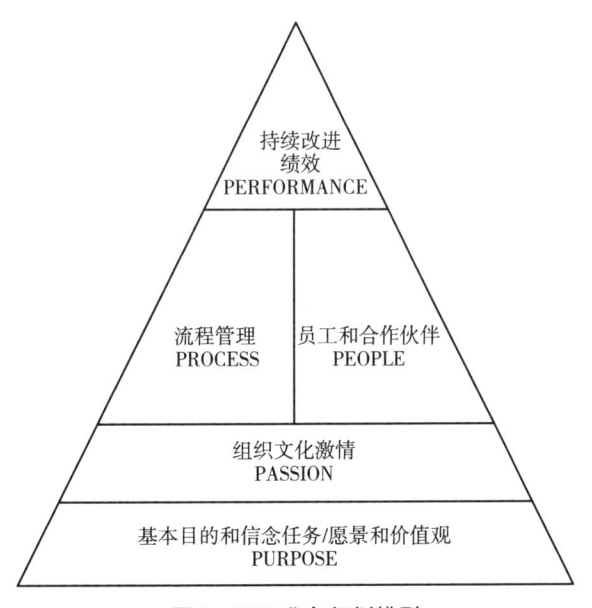

图 3　RP5 业务规划模型

[①] *Values and Ethics: From Inception to Practice*, IMA, 2008.
[②] Heapart and Smyth, 2012.

基础文化必须为任务（已明确的使命和流程）和行为（与建立关系以及建立诸多无形资产和价值的基础相关）奠定基础。

为了有效应用基础业务规划框架，我们需要发展领导力，确保管理层所采取行动的一致性。一旦组织确立了自己的战略规划和方向（结果和任务的基础）及其行为方法（通过组织价值观、行为准则或类似事物），那么，在整个组织中实施和强化这些内容就成为对人员、资源及关系各个方面负有责任的管理人员所应承担的职责。

财务高管的主要职责是确保对这些方面给予足够的重视，并且确保已经制定了对身处领导职位的人员加以培训和培养的有效方法。此外，在与关键合作伙伴（如供应商）进行合作时，作为其他有效关系基础的行为期望必须得到采纳。

（二）将成本管理与文化结合起来

财务高管应确保规划框架的每个方面需要以成本管理某一方面作为补充（见表2）。我们将在下文针对相关联系进行详细解释，并将其与业务规划框架的核心组成部分联系起来。

表 2　　　　　　　　　　将战略规划与 5C 协调起来

业务规划框架	成本要素	财务方面的解释
目的	文化	规划和运营企业的基本方法——任务（使命）和关系价值的组合，可用于指导行为
激情	关注	营造文化——获取所需的资源，以一种关注成本最小化的方式将意图转化为行动
流程	沟通	将业务流程和资源分配与任务执行以及涉及成本和对决策者影响的清晰沟通结合起来
员工	协作	通常通过流程和合作伙伴关系，将价值观与员工参与协调起来；通过有效协作和合作，将"意图"转化为行动
绩效	持续	通过持续改进和成本"生命周期"思维，将实现持续成本改进的方法作为一项核心战略

成本框架的核心是组织的基础文化。紧随其后的是关注——对于成本的关注构成了一项根本承诺，即让有效成本控制成为组织文化永恒的关注点。接下来，沟通方面则侧重于提供有关成本行为和结果的信息。然后协作方面需要落实到位，因为大量的成本行为跨越部门或孤岛，而有效的成本行为管理需要相关部门之间进行适当的交互沟通。最后，持续方面要求避免采用断断续续的方法来对待成本。在某种程度上，这方面借鉴了W. 爱德华兹·戴明（W. Edwards Deming）的思想，他提出的可持续质量管理的十四要

点，满足了以持久的、非计划性的方法来进行质量管理的需要，并让其成了一种常态。[①]

（三）核心：打造基础文化

打造一种将成本管理纳入其中并作为一个首要目标的文化，须依赖于组织运营所需的基本方向与价值观。表 3 说明了建立有效成本管理可以采用的先进方法。

表 3　　　　　　　　　　　　营造文化的核心行动

方面	财务职能的责任	财务职能的影响
确保价值和无形资产概念得到理解	√	√
与所有者/股东进行沟通，并确保他们了解无形资产相关风险和对可持续性的影响		√
确保使命和价值观的陈述清晰、连贯		√
确保目标和 KPI 囊括了任务（结果）和关系（行为）	√	√
确保政策和程序与所述价值观保持一致		√
确保培养所有管理人员的领导力并进行投资	√	√
避免短期财务指导	√	√

财务高管在传达组织价值观方面负有重要责任，并要确保组织文化不仅仅只是条文。第一，他们必须发挥关键作用，让股东和所有者了解无形资产对组织价值和持续性的影响。这有助于组织从战略角度将行为因素纳入业务规划框架。

如果缺乏这种理解，我们就不能认识到与成本削减方法有关的风险，这些风险可能会给组织价值带来负面影响，消耗组织价值所依存的以及维持组织经营能力所需的无形资产。考虑到这些无形价值在公司价值中的平均占比为 80%，那些设定组织整体方向和目标的人员必须对此有最基本的关注和了解，在制定利润和业绩目标时必须加以考虑。财务职能部门在理解该问题以及就此展开沟通方面发挥着核心作用。

第二，财务职能部门必须为组织通过战略方法来重新部署资源提供帮助和支持。投资连续性并非针对未来所做的保证——这不现实，相反，它是对组织持续性的承诺。这一点很重要，因为它为组织持续地重新部署资源奠定了基础。这种方法必须涉及寻求现

[①] W. Edwards Deming Institute, "The Fourteen Points for Management," 2016, https://deming.org/theman/theories/fourteenpoints.

有业务的增长机会以及新的商业机会,而不是寻求一种稀缺性,试图实现再投资的最小化。毕竟,没有一个企业可以通过收缩发展壮大,如果所有的成本节约举措导致了裁员,那么,组织就没有什么动力去寻求改进机会。

第三,财务职能部门必须努力确保对组织使命和价值观的战略承诺能转化为切实的组织行为。大多数组织都制定了愿景和使命声明,这些愿景和使命声明侧重于所有者、股东或其他有关人员的成果产出。这方面的举措必须落实到位,才能协调创造预期成果所需的资源。许多组织虽然设定了其价值观,但往往不能很好地落地,因此无法建立理想的组织文化。组织规划通常主要关注结果,而较少关注期望实现这些结果的行为。虽然对这类协调性的思考并不鲜见,但对许多组织来说,这仍是一项挑战,特别是在行为方面。①

图4涉及的是戴明环(PDCA,即计划、执行、检查和处理)模型,这种传统方法给予任务和行为同等的关注。② 这展现了如何实现使命和价值观方面的有效部署。

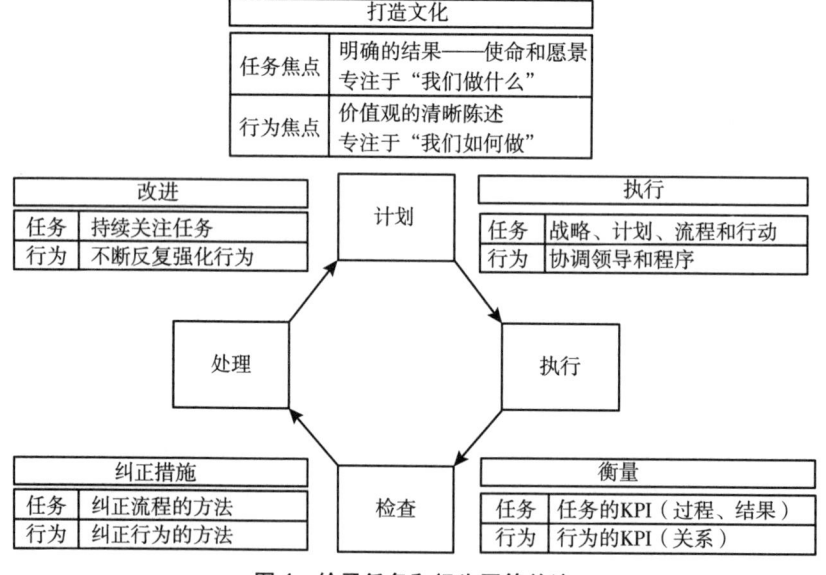

图4 给予任务和行为同等关注

---

① Peter Senge, *The Fifth Discipline*, Crown Business, 2006 (focusing on the importance of "Mental Models"), as well as the work of Jim Collins.

② American Society for Quality (ASQ), "Plan-Do-Check-Act (PDCA) Cycle," 2004, http://asq.org/learn-about-quality/project-planning-tools/overview/pdca-cycle.html for an explanation of PDCA using project management.

组织文化与有效财务绩效之间的联系并不是一个新概念。[1] 许多成功的组织，如可口可乐公司、TNT 物流和强生公司都有着清晰的价值观。强生公司于 1943 年创建了自己的道德信条，时至今日，它仍然影响着公司的一言一行。例如，在泰诺投毒事件中，公司所采取的行动证明了决策制定与维持企业价值之间的联系。[2] 除了这个企业实例，针对行为经济学开展的研究也显示决策的合理性与其所发生的环境或文化之间存在联系。[3]

此外，财务管理人员还必须确保组织关键绩效指标（KPI）囊括了与有形资产以及无形资产相关的绩效表现。[4] 例如，如果所有者或高管层的 KPI 中不包括与关键利益相关者（如员工、供应商或其他各方）的关系方面的考核，那么，他们意识不到降低成本的经营活动对组织无形资产价值的影响。价值可能被消耗殆尽，但只有在销售收入减少和客户保有率下降时，才会引起财务管理人员的注意，但一切为时已晚。

许多组织已经意识到发布短期财务指导给组织带来挑战。对许多人来说，这种"期望设定"驱动了以短期结果而不是以长期价值为中心的行为。一些成功的组织已经停止了这种做法，并且在许多情况下也没有出现不良市场影响。[5] 组织如果愿意这样做，那么就必须从所有者和董事会层面开始，并且应得到财务管理人员的鼓励和支持。

（四）关注成本与营造文化

一旦文化基础建设到位，第二个方面就是形成一种关注成本的态度，并让其作为积极支持组织活动的一部分（见表 4）。同样，这必须成为文化的一部分——其基础在目的和规划阶段就已设定。

---

[1] John Kotter, *Corporate Culture and Performance*, Free Press, 1992.
[2] Johnson & Johnson, "Our Management Approach," www.jnj.com/about-jnj/management-approach.
[3] A. Samson (Ed.), "The Behavioral Economics Guide 2015," 2015.
[4] 这一观念在很大程度上与平衡计分卡以及相近似的众多报告模型法是一致的。
[5] Peggy Hsieh, Timothy Koller, and S. R. Rajan, "The misguided practice of earnings guidance," *McKinsey on Finance—Perspectives on Corporate Finance and Strategy*, Number 19, Spring 2006, www.mckinsey.com/insights/corporate_finance/the_misguided_practice_of_earnings_guidance.

表4　　　　　　　　　　"关注成本"方法的制定

方面	财务职能的责任	财务职能的影响
A. 各个层级协调一致、训练有素以及高效的领导层	√	√
B. 参与规划制定的文化	√	√
C. 包容性的组织结构——有限的层级		√
D. 能够推动业务正常运转的控制系统	√	
E. 有效的薪酬和奖励以及表彰制度		√
F. 营运流程的协调		√
G. 兼顾任务和关系的绩效奖励		√

1. 各个层级协调一致、训练有素以及高效的领导层

领导层需要在组织风险管理和控制方面发挥带头作用，同样，让组织"栖身于文化之中"也需要从高层开始落实。[①] 如果高管层成员似乎对成本不太担忧，那么，这种态度将在整个组织弥漫开来。为了更好地落实带头作用，所有高层领导者必须与员工和其他人员建立起一个基本的信任基础。虽然道德行为是其中的关键部分，但有助于建立信任的其他因素还包括信任下属和避免微观管理、纳入规划、尽可能共同制定决策以及发展个人关系。[②]

那些担任领导职务的人员必须接受组织的行为价值观。他们最终将通过与他人互动的方式让这些价值观得到体现，久而久之建立起信任和信赖。财务职能部门必须影响和支持这个理念。针对员工培养所做的财务承诺必须成为资源分配永恒不变的组成部分。然而，对于许多财务管理人员来说，培训成本是他们考虑取消的第一个预算项目。

2. 参与规划制定的文化

有效的成本削减举措通常推动了组织的变革，从工作方式到总体问责和责任。一个有效的组织能够在运营的同时，随时准备好开展变革，从而确保变革可以持续不断地进

---

① 请参阅依据2013年COSO《内部控制——整合框架》（强调高层在风险管理方面发挥的带头作用）制定的SOX法案风险评估标准，*Internal Control—Integrated Framework*，2013，www.coso.org/documents/990025p_executive_summary_final_may20_e.pdf.

② 相关例子见：Carolyn O'Hara, "Proven Ways to Earn Your Employees' Trust," Harvard Business School, June 27, 2014, https://hbr.org/2014/06/proven-ways-to-earn-your-employees-trust.

行。组织进行变革的意愿只能来自内部和外部利益相关者的介入和参与。领导者要为此创造氛围,确保相关流程制定到位,变革才会水到渠成。

财务职能部门必须发挥关键作用,确保规划所采用的方法能让员工、供应商、分销商以及其他关键利益相关者能参与到这一过程中。这涉及两个层面:第一,针对当前现实情况,提供相关信息,并了解如何确定优先事项以及做出决策;第二,充分参与决策制定过程,以确定如何将计划转化为行动。"告诉员工应该做什么"的管理人员可能会摧毁任何一种以信任、参与和承诺为特征的文化。此外,如果计划和行动不需要做出承诺的话,那么,相关人员就可以更容易地否认结果、推卸责任。第三,当业务计划没有实现预期目标时,财务职能部门往往会陷入更改财务数据的"陷阱"。这将掐断组织所有人与资源之间的联系,让生产线管理人员能够避免被追究责任。

3. 包容性的组织结构——有限的层级

组织架构的设置方式将会影响到员工对成本削减的信任意愿,并会传递一种信息,即这个组织是讲究"精简和精打细算的"!取消不必要的职位和管理层级能够强化管理层想要传递的信息,即浪费是不能容忍的。消除所有级别之间的障碍是非常重要的,如此一来,就可以自由、快速、公开地交流思想。权力应尽可能地下放,一线员工应有权就影响到本职工作的事项做出决定。财务职能部门必须与这一理念保持契合,因为职责分离和其他内部控制措施可能会给有效的组织行动迅速制造障碍,而这些行动原本有望降低成本。

4. 能够推动业务正常运转的控制系统

在评估公司风险和控制方面,财务职能部门还必须发挥领导作用,以确保组织处于"可控"状态。过度控制可能会阻碍组织的创新和创造力,无法激发各种奇思妙想来提高运营效率。如果一线员工想方设法地避开过度控制措施,就会经常性地导致过高的成本,但这种情况有时候却不为人们注意。维修人员常常受到不公平的指责,认为他们瞒报了备件和库存,但这实际上是申请和采购政策所造成的,这些政策让设备维修所需的部件采购进展缓慢,从而给产能利用率和设备运行时间带来负面影响。最终,无效的采购政策会鼓励组织采用"以防万一"(JIC)的库存管理方式,从而推高了业务的总体成本。此外,寻找出价最低的供应商通常会增加管理成本,使得采购、接收、库存管理以及应付款等领域的流程成本更高,从而吞噬了节约的单位成本。如果库存按照供应商的零部件编号进行管理并且采购部门不断变更供应商,那么,就可能会出现重复采购可通用的零部件,导致更高的库存,同时,计划外的部件过时情况也屡见不鲜。

5. 有效的薪酬和奖励以及表彰制度

财务职能部门必须参与和介入奖励和表彰制度的制定工作。建立这些制度的目的在于确保员工能够明白基本的薪酬计划相对于竞争者和自身的绩效而言非常公平,包括分享成本削减计划所实现的节约收益。例如,一家北美的全球汽车零部件公司建立了公平的报酬和利润分享,并将其作为员工章程的核心组成部分。① 在50年前,即公司成立之初,该公司就已经制定并落实了这一政策。自那以后,公司逐步发展成为一家产值达数十亿美元的全球性公司,并且能够在激烈的成本竞争环境中保持自身的竞争力。

6. 营运流程的协调

在采购和应付账款方面,组织确立的价值观往往被忽视。如果某个组织声称它试图与供应商建立协作和合作关系,但是却未能将供应商纳入业务计划,对供应商进行威胁,并且未能履行合同义务(如30天的付款期限),那么,它没有做到诚信经营,不能为有效的合作伙伴关系打好基础。2008~2010年,在汽车市场的低迷时期,丰田公司与其供应商之间的合作向我们提供了一个企业秉持价值观的鲜活例子。② 丰田公司向供应商支付预付款,调整模具的采购计划,以帮助供应商改善其现金流,甚至提高零部件库存来帮助供应商解决现金流问题。

7. 兼顾任务和关系的绩效奖励

组织倾向于通过奖励来引导组织成员的行为。针对管理人员及员工所做的绩效评估会对组织成员的行为产生影响。多年来,管理人员主要依据产出成果(换言之,规定任务的完成情况)来获取奖金,往往忽略了规定任务是如何完成的。通用电气公司在其2000年发布的年度报告中做出了以下声明,说明了该公司是如何调整其奖金计划来更有效地协调价值观和绩效的:③

---

① Magna, "Employee's Charter," 2016, www.magna.com/for-employees/employee's-charter.
② Jeffrey K. Liker and Timothy N. Ogden, *Toyota Under Fire: Lessons for Turning Crisis into Opportunity*, McGraw-Hill, 2011, pp. 55–59.
③ General Electric, "GE Annual Report 2000," 2000, p. 5, www.ge.com/annual00/download/images/GEannual00.pdf.

> 我们评估和对待现有管理人员的方式包括四种"类型"。类型Ⅰ：认同我们的价值观，完成数字目标——可尽情发挥所长；类型Ⅱ：不认同我们的价值观，未完成数字目标——请另谋高就；类型Ⅲ：认同我们的价值观，未完成数字目标——通常给予一次或两次机会。
>
> 上述三种类型都不难处理，但第四种类型最为棘手：此类管理人员虽然不认同我们的价值观，但完成了数字目标；可以"承担组织所赋予的责任"，也创造价值，但少不了他人的支持，在工作开展过程中，他们通常"媚上欺下"。这种类型的管理人员最难处理，因为组织总是想要得到成果——这深植于组织的血液之中。同时，让一个完成了任务的员工收拾包袱走人也是一种不正常的行为。但是，我们必须彻底放弃第四类型的管理人员，因为他们有能力破坏我们为赢得现在和未来所需的开放的、非正式的、以信任为基础的文化。

是否关心组织的事情，包括组织内部的成本，直接反映了员工和其他合作伙伴的参与情况。要在组织内部实现这一点，领导者必须激发一种工作和奋斗热情，无论是对使命（内容和产出成果）还是对价值观（如何行动以实现目标）。组织文化正是以组织成员在日常工作中表现出的热情为特征的。虽然热情源于所有者、董事会或股东所宣扬的至高无上的信念，但只有生产线管理人员通过发挥自身领导才能来付诸实践，以及员工和其他合作伙伴在业务活动中加以落实，才能转变为现实。组织营造"关心文化"能够弥补"言行"之间的差距。这种"关心文化"也反映了行为经济学领域的新兴观念。

（五）沟通：在成本管理中发挥着关键作用

在构成成本管理行为因素的所有重要方面，沟通受到财务管理方法有效性的影响最大（见表5）。之所以有效沟通是专业人员面临的最大挑战之一，是因为以下原因：

（1）语言。任何一个专业培训，包括财务在内，相当于学习一门独特的语言。虽然专家非常清楚其中的意义，但其他人往往感到困惑不解。

（2）成本结构。会计师通常围绕组织架构来构建成本收集和报告系统，但这并不是流程和成本的驱动方式。

（3）简化。为了简单起见，一些难以识别的成本在部门之间加以分配。这可是出于会计方面的需要，但对使用者而言通常没有多大意义。

(4) 时间和信息列示。在一个快速变化的组织中，使用者需要实时获取易于理解的信息。许多会计系统不足以满足这一需要。

表 5　　　　　　　　　　　　　沟通方面

方面	财务职能的责任	财务职能的影响
A. 成本结构与业务保持一致	√	
B. 明确的成本动因/流程之间的联系与协调	√	
C. 责任明晰，落实到位	√	
D. 根据需要，运用经营术语提供报告	√	√
E. 针对非财务管理人员的财务培训	√	√

1. 成本结构与业务保持一致

财务高管必须确保成本管理系统的架构与组织战略相符，成本系统必须随着组织的发展而完善。竞争激烈的全球经济以及非营利组织和其他政府组织所面临的挑战，对相比以往更详细的成本核算信息提出了要求。这些组织需要尽快获取信息以迅速做出决策。

管理会计师的工作专注于满足这一要求。这个问题首先是由 H. 托马斯·约翰逊（H. Thomas Johnson）在 1987 年出版的《相关性的遗失》中提出的。自此之后，业界一直致力于改进管理会计方法。[1] 目前针对这一问题的研究很多，例如：

（1）2005 年，IMA 部分赞助的一项调查工作探讨了如何将德国成本会计处理（GPK）与 ABC 结合使用。[2]

（2）IMA 与美国会计学会（AAA）携手为会计教育开发了一个综合能力框架。[3]

---

[1] Johnson and Kaplan, *Relevance Lost*, 1986.

[2] Paul A. Sharman and Kurt Vikas, "Lessons from German Cost Accounting," *Strategic Finance*, December 2004, pp. 28–35, www.imanet.org/docs/default-source/sf/1204sharman-pdf.pdf?sfvrsn=0.

[3] Raef A. Lawson, Edward J. Blocher, Peter C. Brewer, Gary Cokins, James E. Sorensen, David E. Stout, Gary L. Sundem, Susan K. Wolcott, and Marc J. F. Wouters, "Focusing Accounting Curricula on Students' Long-Run Careers: Recommendations for an Integrated Competency-Based Framework for Accounting Education," American Accounting Association (AAA), May 2014, http：//aaajournals.org/doi/abs/10.2308/iace-50673; and Raef A. Lawson, Edward J. Blocher, Peter C. Brewer, Jan Taylor Morris, Kevin D. Stocks, James E. Sorensen, David E. Stout, and Marc J. F. Wouters, "Thoughts on Competency Integration in Accounting Education," August 2015, http：//aaajournals.org/doi/abs/10.2308/iace-51021.

（3） FAC 和其他机构开展了相关研究，以探究成本核算系统在提供决策支持方面的成熟度。①

为了对有效决策提供支持，成本信息在反映业务结构时，必须采取与有效的企业资源计划系统（ERP）反映经营实际情况相同的方式。在 PAIB 发布的 IFAC 出版物中，针对成本收集和报告架构的开发讨论开展了广泛的研究。②

2. 明确的成本动因/流程之间的联系与协调

创建成本信息基础，恰当匹配流程和项目的相关责任，已不能满足组织需求。组织需要回答"如果……那么"这类假设问题。IFAC 的成熟度模型清楚地表明，随着组织的发展，需要从连续性描述转移到连续性预测。就该框架所包含的基本要素而言，如果不具备由基础描述性数据组成的适当架构，那么，组织就不可能有效地达到预测状态。例如，如果组织未能将资源消耗与活动水平或成本对象联系起来便进行费用分配，会导致有关未来成本行为的预测不够准确，在最坏的情况下，甚至会对组织决策造成误导。

决策制定者必须在所收集、汇总和报告的成本数据与个人决策之间划出清晰的界限。如果这一点做得不到位，决策制定者就不可能进入预测阶段，因为运营决策和成本之间的联系不够清晰。财务管理人员必须能够追踪以下二者之间的联系：管理人员可采取的行动与反映资源消耗变化的成本信息所出现的变化。例如，组织的大多数流程是相互依赖的，管理人员在某个领域做出的单方面决定，可以很容易地影响到另一个领域的资源消耗和成本情况。

在管理会计公告《管理成本核算的概念框架》中，IMA 已经对描述阶段收集和传播成本信息所需的有效工具和途径进行了详细的阐述。③ 确保采用正确的方法是创建成本管理系统的基础，该系统能提高决策的价值。财务高管还应该研究精益管理等领域的出版物，精益管理领域的会计要求明显不同于成本管理领域。④

3. 责任明晰，落实到位

将成本分摊给部门管理人员并让他们为此负责的传统方法可以为成本支出部门及对

---

① IFAC and PAIB, "Evaluating the Costing Journey: A Costing Levels Continuum Maturity Framework 2.0," 2012.
② IFAC and PAIB, "Evaluating and Improving Costing in Organizations," 2009 and "Evaluating the Costing Journey: A Costing Levels Continuum Maturity Framework 2.0," 2012.
③ *The Conceptual Framework for Managerial Costing*, IMA, 2014.
④ Maskell and Baggaley, "Practical Lean Accounting," BMA, 2011; and G. Gregoriou and N. Finch (Eds.), *Best Practices in Management Accounting*, Palgrave Macmillan UK, 2012, pp. 33–51.

象提供信息（按照总账代码分类，如人工、物料及其他事项），但无法回答为什么要支出成本这一核心问题。对许多组织来说，理解成本信息并加以控制，特别是在间接人工成本方面，非常具有挑战性。间接成本通常在总成本中的占比较大，并且受到跨部门决策的显著影响。

这就是为什么 ABC 之类的工具如此重要：这些工具对不同组织部门的成本动因进行了说明和解释（为什么）。对与组织决策相关的有效分析来说，间接成本必须结合业务流程和动因来加以理解。组织通过流程及动因来控制间接成本。一旦结合流程和成本动因对间接成本有所理解，为了实现产品、服务、渠道和其他任何成本对象的全成本分配，就可以将这些间接成本分配到产品、服务、渠道和其他成本对象上，而不是基于某些理由来对间接成本进行分配。但是，如果没有跨职能部门的协作，即便是 ABC 这样的工具也会失效。

4. 根据需要，运用经营术语提供报告

上文所述方法都可以视为成本信息的有效方法和机制，必须落实到位并作为成本信息有效沟通的基础，而管理人员可以获取成本信息并用于决策。成本管理的行为因素始于理解和"认同"所列示的成本信息的适用性和相关性。财务管理人员必须认识到，虽然组织架构可能是正确的，但是信息的传递语言必须与经营术语保持一致，而不是用财务或会计方式进行"表述"。经营人员需要参与到会计成本"系列"（总账、产品、服务、成本中心编码等）的名称和术语开发中来，以便提供坚实的基础。信息还必须做到按需提供，并且使用者能够按自己的需要对信息进行分组和结构调整。

会计师应该提出的一个基本问题是："你为何每月都要进行会计封账操作？"原因可能有很多。但是，如果会计能够适应 ERP 和材料需求计划（MRP）系统的进度节奏（这些系统通常可以提供与日常业务活动步调一致的实时运营信息），那么，难道不应该实现会计信息的实时提供吗？组织的目标应该是实现财务信息的"按需"提供。

5. 针对非财务管理人员的财务培训

没有多少管理人员愿意承认他们不了解所获得的信息，并且许多人认为自己具备会计基础知识，因为他们在大学里学习过会计学原理等课程。然而令人遗憾的是，相对于管理人员当前所面临的竞争环境而言，这些知识是远远不够的。在生产线管理人员的教育和培训方面，高级财务管理人员必须发挥积极作用，以便生产线管理人员能够理解财务信息，包括成本与自身决策领域之间的联系。虽然市面上存在一些研习班、学习计划

和课程，但它们通常比较宽泛。虽然对财务信息的有效理解的确拥有一定共性成分，但绝大多数管理人员需要结合自身的业务背景来了解财务信息，特别是成本信息。

最终，成本是由运营线的管理人员和运营决策所控制的。从行为角度来看，生产线管理人员必须能够将成本信息与管理内容结合起来，理解信息，并根据需要提供信息，最好是以实时方式提供。

（六）合作：进行管理的同时降低成本

传统上，许多直接成本是通过产品设计者、生产、流程、工业工程师以及其他人员之间的协作来进行管理的，但间接成本属于负责相关预算的管理人员的责任。我们前面已经谈到，在组织各个部门之间以及与第三方之间，间接成本的相互依赖性日益增长，这表明管理人员个体之间的相互依赖程度更高，而且一个部门的成本实际上可能会受到其他部门或组织以外的业务决策的显著影响。组织将越来越多的直接和间接业务活动外包出去，这也增强了买方与卖方之间的相互依赖性。如前所述，已经建立起有效内外部关系的组织能够创造价值——一种无形资产，并且可能带来竞争优势。这些关系的关键一点是组织能够开展有效的协作并抓住成本削减机会（见表6）。

表6　　　　　　　　　　　成本削减合作的改进方面

方面	财务职能的责任	财务职能的影响
A. 提供基于流程的成本信息	√	
B. 组建跨职能团队/流程小组		√
C. 跨部门的利益共享	√	√
D. 与供应商和分包商分享利益		√
E. 与分销商和客户共享利益		√

1. 提供基于流程的成本信息

财务信息列报与组织管理内容之间的协调一致是有效成本控制的重要基础。流程方法并不是一个新的方法——例如，直接成本核算使用流程概念来制定标准和跟踪成本。生产是通过与采购、物料管理和其他支持领域的协作来管理从投入到产出的转换过程，与此相同，间接流程也是相互依赖的。

质量管理方面的许多工作集中在解决流程各个部分之间，以及各个要素内部所发生的问题。尽管能够满足这一需求的作业成本法，以及不良质量成本（COPQ）等类似的跨职能概念已经提出了 30 多年，但它们仍未得到广泛采用，并且仍然需要用来协调相互依赖的流程所产生的成本机会。

财务管理人员可以做一个简单的测试，询问组织成员："你是否认为由于流程不能正常运转，我们正在浪费时间和资源吗？"而后，继续提问："你认为耗费了多少成本？"如果答案是"是的，我们可能浪费了很多"，或者"我不知道成本是多少"，那么显然，成本管理系统不能提供所需的信息，无法让决策关注于那些可以做出改进的领域。最近，六西格玛领域的专家预计，不良流程导致的成本机会占到收入的 5% 到 20%。[①]

借助平衡计分卡，罗伯特·卡普兰（Robert Kaplan）和大卫·诺顿（David Norton）从四个维度展示了绩效评价指标的必要性：运营流程、客户、学习和成长以及财务。然而，许多组织仍然没有将成本与流程协调起来。如果组织将自身流程绩效与其他组织的流程绩效进行比对管理，以此来评估单位交易成本，那么这将对组织的这一能力造成不利影响。许多组织仍然基于成本（包括成本分配在内）来评估"制造或购买"决策，当总体财务绩效未能如预期有所改善时，他们会感到惊讶。确保基于流程的财务报告与工作流程协调一致是建立有效成本控制方法的核心内容。

2. 组建跨职能团队/流程小组

基于流程管理的相互依赖性和跨职能性，组织内部的人员需要与供应商、分销商、监管机构、主要客户和其他利益相关者等第三方携手合作，共同创造机会以降低成本。人们并不会自然而然地工作在一起。关系的建立和发展需要时间，也需要投入。财务管理人员需要确保对团队发展活动投入时间、精力和资金，这通常涉及三个阶段：

（1）认识到有效沟通的障碍往往源自不同性格人员之间的互动行为。性格差异常常会妨碍协作和合作。我们可以应用迈尔斯 – 布里格斯（Myers-Briggs）等基本开发工具，或更为权威的工具，如 Insights 和 Lumina Learning。这些工具在该方面可以发挥关键作用。

（2）团队技能的教育和培训。这有助于理解当不同类型的人员聚集在一起工作，以着手解决常见问题或利用机会时所激发的活力。

---

① The Six Sigma Group, "Benefits of Six Sigma," 2016, www.sixsigmagroup.co.uk/new‑to‑six‑sigma/benefits-of-six-sigma.aspx.

（3）就如何使用分析和问题解决工具进行教育和培训。为了有效地利用成本改进机会，收集和分析现有数据以及收集新数据都是非常重要的。借助这些数据，团队能够分析机会并努力降低成本。

这里涉及两个关键点：①必须投入资金和时间并将资金和时间纳入预算编制，并作为岗前培训和持续发展的常规组成部分；②需要进行教育和培训——教育是为了理解"为什么"，培训是为了理解"如何做"。

组织致力于员工培训和发展，对于打造持续关注业务改进的组织文化至关重要。财务管理人员必须确保拥有预算资源并落实培训。重要的一点是应用关键指标来跟踪培训以及参与情况。跟踪组织所拥有的团队数量以及这些团队的会面频率是一项有趣的工作，但此举无法提供涉及有效性和结果的相关信息。对财务管理人员而言，与这方面相关的一个关键成功因素就是投入时间，与各个管理人员一道参与业务运营，了解他们的业务活动并在财务方面与之进行合作。

3. 跨部门的利益共享

财务管理人员必须能够影响组织对相互依赖的理解。如要实现这一目标，其中一部分工作就是将更多的精力放在组织之上并将其看作一个综合系统，而不是放在部门预算上。如果财务管理人员持续关注部门的预算绩效，就会强化孤岛效应，降低权衡部门间利益的意愿。公共组织以及采用工作评价模型的组织常存在这个问题。在这些组织中，管理人员的资历与预算规模之间具有很强的相关性。这导致管理人员不愿意为了组织的整体利益而放弃对成本的控制。最后，财务管理人员需要确保将整体绩效而不是个体预算，纳入管理人员的薪酬考评。

4. 与供应商和分包商分享利益

凭借高水平的外包和供应链管理，通过与供应链投入端的供应商以及产出端的分销商和客户进行合作，许多成本削减机会将会显现出来。通过使用电子数据交换（EDI）并取消纸张使用，与供应商和分包商建立的合作伙伴关系能够实现成本的大幅削减。而且，实施JIT需求和生产规划还可以减少管理成本和营运资本。只有通过成功协作才能实现这些可相互共享的收益。

身处拥有强大影响力（如购买力或市场力量）的大型组织，财务管理人员必须确保始终致力于与合作伙伴建立合作关系，甚至变要求为需求。"要么照做，要么我们另找他人"，这种方式虽然能够发挥作用，但可能会疏远供应商和其他参与方，给彼此的关系带来负面影响。愿意发展双赢关系并分享利益是与外部合作伙伴进行合作的核心所在，财务管理人员必须深度参与这方面的工作。一项调查预计，如果建立了更好的供应商关系，那么，福特、通用汽车、FCAUS（前身是克莱斯勒集团）、日产汽车在2014年的盈利水平将整体提高20多亿美元。①

5. 与分销商和客户共享利益

许多组织通过第三方（如分销商或代理商）与最终用户（如客户或消费者）打交道。在特许经营等情况下，组织所有的交付工作、产品或服务都已外包。这可能再一次给品牌持有者的成功以及加盟商的成本削减能力产生重大影响。事实上，一些例子证明，当一方试图强行做出改变以追求单方面的利益时，双方之间的关系会受到非常不利的影响。实例包括麦当劳公司与其加盟商在新产品上市或公司周转计划等问题上的摩擦。② 虽然节省成本依然十分必要，但是有效供应链中的各个合作伙伴都必须为彼此合作和信任建立基础，且认识到共同的问题必须通过协商一致的方法加以解决。

（七）持续性：确保成本管理成为常态

组织必须确保有效的成本管理永远不会成为次要关注领域，或是只对大规模节约计划予以关注（见表7）。每个业务领域都应时刻追求改进。在财务状况良好时期，组织往往倾向于减少对成本的关注，但一定不要让这种情况发生，不要认为成本只是在某些时候才显得重要。

表7　　　　　　　　　　　　持续性方面

方面	财务职能的责任	财务职能的影响
A. 理解和强化生命周期思维	√	√
B. 避免将成本削减举措仅仅视为"项目"	√	√
C. 不断传达"业务现状"		√
D. 确定、跟踪、沟通和分享成本节约收益	√	

---

① Planning Perspectives, "15th Annual North American Tier 1 Supplier Working Relations Index® Study," May 2015, www.ppi1.com/services/annual-automotive-industry-study.

② Bryan Gruley and Leslie Patton, "McRevolt: The Frustrating Life of the McDonald's Franchisee: Not lovin' it," *Bloomberg Business*, September 16, 2015, www.bloomberg.com/features/2015-mcdonalds-franchises.

1. 理解和强化生命周期思维

为了持续关注成本管理，财务管理人员必须鼓励大家从生命周期的角度进行思考。例如，前文讨论过的 BCG 业务组合规划模型确定了产品（或服务）生命周期的四个阶段：明星型业务、问题型业务、瘦狗型业务和现金牛型业务，可以覆盖产品和服务的引入、成长、成熟和衰退阶段，可作为成本战略的协调基础。该模型为这类结构性思维奠定了一个很好的基础。

从成本角度来看，组织需要在早期阶段（引入和成长）进行消费和投资以获取市场份额。然而，在这种情况下，竞争逐步加剧，并且利润率开始下降。不幸的是，组织往往拖到产品成熟期，看到利润被侵蚀时，才采取措施以降低成本。进取型组织从一开始就思考成本削减问题，以便在利润压力出现之前，尽早为此做好准备。这些组织不断将成长和成熟产品资源重新分配到新产品和改进产品上，这一做法遵循了 BCG 模型，能形成现金牛并以此作为其他投资的资金来源。

2. 避免将成本削减举措仅仅视为"项目"

组织应将持续改进产品和服务视为持之以恒的目的。在许多情况下，持续改善应作为一项价值观或原则纳入组织文化之中。建立成本改进 Kaizen（日语，持续改善）团队等举措极具价值，但相关举措在组织的各个环节都必须得到贯彻实施，同时保持对组织成本改进的持续关注。

单是做到持续改善还远远不够！戴明在谈及他提出的十四要点时，其中一点就是避免"出现项目化和取消对员工的告诫"，这正是他关注的重点：组织需要设立持之以恒的目的。在成本管理中，戴明要点说明，成本削减绝不是根据企业经营的好坏来决定是否实施。财务管理人员要想发挥有效作用，就应该非常谨慎，避免营造一种文化，在这种文化中，员工相信如果企业运转良好，就没必要实施成本削减计划，费用支出可以照旧（这一问题的解决方法并不是遵照预算安排）。

3. 不断传达"业务现状"

财务管理人员必须是"现实的传道者"，如实传达组织所面临的业务挑战。许多组织的员工往往不太了解所在部门或所处行业的整体竞争状况，因此，他们经常责怪管理层采取成本削减措施，而没有认识到这是企业生存所需。有效财务管理涉及的一个方面，就是定期向员工反馈组织的财务绩效以及竞争结果。

某些组织践行了"开放式账簿管理"等理念，与各级员工广泛且公开地分享财务信息。① 这种方法让员工得以了解组织所面临的挑战状况，可帮助他们理解为什么实施变革和成本削减是现实所必要的——并且消除一种误解，即管理层削减成本只是为了提高他们的奖金。不断告之业务现状，让员工了解组织境况，有助于建立一种随时做好变革准备的组织文化。

4. 确定、跟踪、沟通和分享成本节约收益

财务管理人员需要建立持续的沟通，以保持一种以成本意识为特征的文化，并确保定期就成本节约展开沟通。许多组织提出建议，激发员工奇思妙想，从而实现成本节约，但这些努力往往未能取得成功，因为进展缓慢和缺乏反馈让员工的积极性受到打击。

一种文化若想鼓励员工提出成本节约方面的想法，那么通常需要建立一种快速反应机制，能让员工的想法在短时间内得到检验。通常，组织需要就想法的推进情况和已取得的成果展开持续的沟通。财务管理人员的创造性沟通包括以具有影响力的方式传达相关信息。例如，一个员工提出的建议为组织每年节省1万美元的成本。如果组织的收入回报率为5%，那么节约的1万美元则可以表述为组织创造了相当于20万美元甚至更高的收入。您认为哪种沟通方式能够产生更大的市场影响呢？

六、结 束 语

成本削减能力是绝大多数组织的核心要求，不论是公共组织还是私营组织、是营利组织还是非营利组织。竞争是残酷的，资源是有限的。为什么一些组织似乎能持续不断地响应成本削减需求并取得成功，而另一些组织似乎只是实施短期和临时的计划来削减成本？答案是成功的成本削减不是一个项目，而是组织的基本文化。组织员工必须期望降低成本。他们必须不断寻求、建议和实施各种方法以降低组织每项活动的成本。

成本改进和成本控制越来越多地受到一线员工创新和创造力的推动。在已经采用精益管理方法的组织中，员工有权对驱动资源耗费进而产生成本的工作流程进行管理和控制。通过将大量材料和服务外包，供应商和承包商在成本削减方面发挥的作用也越来越

---

① John Case, *Open Book Management*, Harper Business, 1996.

大，也已成为组织方面的必然要求。组织常常运用Kaizen之类的方法来不断对组织内外部的成本改进机会做出响应。

归根结底，是人在控制成本，而不是会计报告或系统。随着组织的发展，企业家常常因难以进行有效的成本管理而感到十分沮丧，因为员工对待费用控制不像对待自己金钱那样谨慎。我们需要的是一种综合方法，在平衡成本削减任务的同时维护重要关系，以保持系统的正常运转。

综合方法的基础源于组织文化，这需要通过创造一种环境让人们真正地关心成本。为了实现这一点，组织必须拥有高质量且具有相关性的成本信息并展开沟通。组织制定决策来实现系统成本削减需要获得支持和协作。最后，成本改进不应该是一个项目，需要时就实施，不需要时就搁置。它必须成为持续改进文化的一部分，落实到组织的一切活动之中。参见图5。

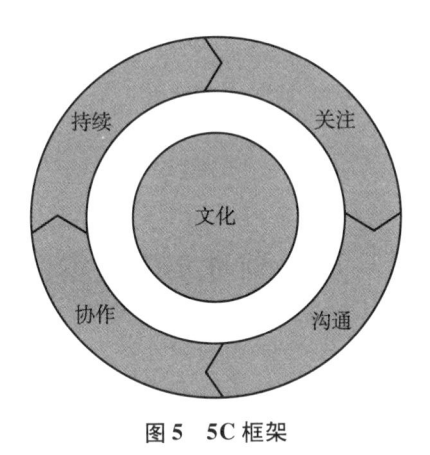

图5 5C框架

只有通过营造可持续的组织文化，组织才能具备让人们以这种方式进行思考的能力，让成本管理成为常态。组织要从有效利用有限资源的角度来进行思考，而非仅仅着眼于控制，这一点最为重要。一旦人们承担起成本管理方面的个人责任，成本管理就不仅仅是一个计划。

只有通过持续关注成本节约和改进，组织才能强化有效成本管理的文化。成本管理的"膝跳反应"通常是组织成本组合未能得到有效管理所导致的后果。通常，这本身就是一个问题，因为成本汇集水平太过宽泛，没有确认成本动因。因此，成本与产品、服务、渠道、客户、关键动因和生命周期未能有效联系起来。最为重要的是，资源消耗和成本与管理人员和员工的日常决策没有联系起来。

成功和持续的成本削减要求财务管理人员做出有效决策。他们需要周密考虑计算和报告成本信息所需的数据收集方法，以便负责管理资源（驱动并推高成本）的管理人员和员工能够理解其所做决策的影响。他们必须对组织文化给予同样的关注。组织文化提供了一种氛围，让每个层级的每名员工都能致力于成本削减的持续改进之道。除非人们的行为能为组织削减成本的期望提供支持，否则世界上最好的系统和方法都不能产生理想效果。

改变组织的文化以便让成本管理方法制度化是很难实现的。建立一个与本公告所述相类似的模型便能创建一个框架，来平衡"任务"和"关系"。财务管理人员可能希望利用本公告中所探讨的内容，将其作为模型，进一步拓展相关概念并对四阶段流程进行研究，以实现和改进成本管理。

在本公告结尾处，我们介绍了有效成本管理的后续步骤。后续步骤基于5C概念，但使用了更类似于"堆积木"的方法来加以实施。文化变革可能需要一些实施时间，可能会持续数年。但通常通过3~5年的持续努力，文化就可实现转变，组织可同时采取多个步骤。例如，通过实施COPQ的核心内容，组织可以启动这一过程，让员工参与进来。这一方法首先让管理人员认识到可用的机会，并在团队层面针对每个流程问题来确立协作的重点事项。

附录　循序渐进实施成本管理

为成本管理创建基于行为的有效方法需要花费一定的时间。一些财务管理人员可能希望逐步将这些想法付诸实施。在图A1中，四阶段模型可以帮助这些管理人员思考出一种方法。

第一，财务高管将从第一象限开始，实施本公告所讨论过的模型，这一模型对任务和关系进行了平衡。尽管其中一些工具和流程可能还没落实到位，但这一步将为有效成本管理打造一个基本的战略文化。

第二，第二象限描述了COPQ概念的实施，这些概念是由美国质量协会（American Society for Quality）制定的。这一方法将实现两个目标：确定成本改进的机会；通过关注流程让员工参与进来，进行跨部门协作。

第三，第三象限描述了向成本核算框架的转移，该框架阐释了相关架构并将其与组织的成本动因结合起来。这需要财务管理人员大量参与运营事务，与业务线管理人员合作，将成本收集、留存和报告与业务决策协调起来。这可能还涉及系统调整和改进。

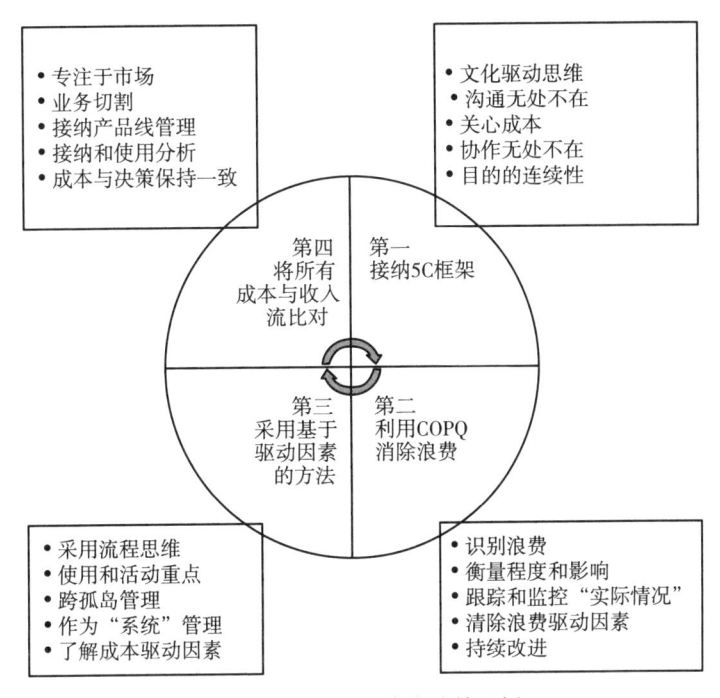

图 A1　分阶段实施方法的示例

第四，第四象限描述了如何让组织的成本报告完全脱离成本分摊，这可能需要运用产品生命周期管理（PLM）法。在这种方法中，所有成本都追溯至单个收入报表，后者将收入与（全部）支出匹配起来。ABM 和 GPK 概念的应用有助于解决这个问题。在这一阶段，财务信息应与产品和服务的相关决策结合起来，并反映出组织对实际利润来源的理解。

因此，持续改进将来自成本管理框架的不断完善，以及基于所学，通过应用新系统所生成的信息而得到的改进和变化。

术　语　表

本公告提到了许多组织。词汇表有助于读者更好地了解相关知识及组织。成本管理及成本节约是一个全球性问题。许多组织（无论是单独还是协作）纷纷针对这一问题开展研究，以期改善成本管理方法，为会计师所用。

ACCA：英国特许公认会计师公会是一家致力于为会计专业人员提供服务的全球性

机构。该机构为全世界有志投身于财务、会计以及管理领域的专业人士提供首选的资格认证,在180个国家/地区为178000名会员和455000名学生提供支持,帮助他们提升成功从事会计和商业职业所需的技能。

Balanced Scorecard(BSC):平衡计分卡是一种用于战略绩效管理、半标准化的结构报告,根据设计方法和自动化工具制定,可由管理人员用来跟踪员工作业执行情况并进行管理、监控相关结果。

Baldrige Award:鲍得里奇计划(Baldrige Program)是由美国国家标准技术研究院(NIST)管理的公私合伙组织,致力于实现卓越绩效。鲍得里奇计划提高了公众对于卓越绩效推动美国乃至全球经济重要性的认识,并为组织提供评估工具和标准。同时,向企业、学校、卫生保健组织、政府和非营利机构的领导者传授全球顶尖组织的最佳实践。该计划对各国产品和服务质量方面堪称模范的组织或个人给予表彰并授予鲍得里奇国家质量奖。

Chartered Institute of Public Finance and Accountancy(CIPFA):英国特许公共财政与会计协会总部位于英国伦敦,是一家致力于服务公共财政和会计专业人士的专业机构。旗下共计拥有14000名会员,活跃于公共服务部门、国家审计机构、大型会计师事务所以及需要对公共资金进行有效管理的其他机构。作为全球唯一专注于公共财政领域的专业会计机构,CICPA为全球稳健的公共财政管理及良好治理提供支持。

Committee of Sponsoring Organizations of the Treadway Commission(COSO):美国反虚假财务报告委员会下属发起人委员会的使命,是通过制定有关企业风险管理、内部控制和欺诈防范措施的全面框架和指南,来引领行业思想创新及发展,从而改善组织绩效和治理并减少组织中的欺诈行为。其合作伙伴包括美国会计协会(AAA)、美国注册会计师协会(AICPA)、财务经理人协会(FEI)、国际内部审计师协会(IIA)和美国管理会计师协会(IMA)。

Economic and Social Research Council(ESRC):英国国家经济和社会研究委员会是英国最大的经济和社会问题研究资助组织,为针对企业、公共部门和第三部门产生影响的独立高质量研究提供支持。

Institute of Chartered Accountants in Australia(ICAA):澳大利亚特许会计师协会是为澳大利亚特许会计师服务的专业机构,其成员包括55000多名特许会计师和12000名学生。

International Federation of Accountants(IFAC):国际会计师联合会是一家全球性会计专业组织,致力于通过推动会计行业及全球经济的快速发展,为公共利益服务。其由

130 多个国家和地区的 175 个成员组织和准成员组织组成，为全球近 284 万名在公共部门、教育、政府服务和工商业等领域工作的职业会计师提供服务。

IFAC's Professional Accountants in Business（PAIB）：工商业界职业会计师委员会是国际会计师联合会（IFAC）下属工作委员会。成员包括工商业、金融服务、教育、公共及非营利部门的雇员或顾问，其中许多人身居战略或职能部门要职或者便于与其他部门同事合作，以推动所在组织取得可持续成功。

National Institute of Standards and Technology（NIST）：美国国家标准与技术研究院是一家隶属美国商务部的非监管机构，成立于 1901 年，原名美国国家标准局（NBS），1988 年更名。该机构也是一家测量标准实验室，又称国家计量研究所（NMI）。

New Zealand Institute of Chartered Accountants（NZICA）：新西兰特许会计师协会是 33000 多名在新西兰及世界其他国家和地区工作的会计和商务专业人士的会员机构。

Sarbanes-Oxley Act of 2002（SOX）：在参议院被称为《公众公司会计改革和投资者保护法案》，而在众议院被称为《公司和审计责任和职责法案》，通称为《萨班斯－奥克斯利法案》，是一项联邦法律，其中针对所有美国公众公司董事会、管理层和公共会计师事务所提出了新的或范围更广的要求。

Taylorism：美国工业工程师及科学管理倡导者弗雷德里克·泰勒（Frederick Taylor，1856－1915）所做的研究和相关工作。泰勒为工程标准（标准成本核算的起源）的开发奠定了基础。

参 考 文 献

Jim Collins, *Good to Great*, Harper Business, 2001.

Jim Collins, *How the Mighty Fall: And Why Some Companies Never Give In*, Collins Business Essentials, 2009.

Jim Collins and Morten T. Hansen, *Great by Choice*, Harper Collins, 2011.

Jim Collins and Jerry L. Porras, *Built to Last*, Harper Business, 2004.

Gary Cokins, "Measuring and Managing Customer Profitability," *Strategic Finance*, February 2015, pp. 23–29, http://www.imanet.org/docs/default-source/sf/2015_02_02_2015_cokins.pdf?sfvrsn=2.

Jean E. Cunningham and Orest J. Fiume, *Real Numbers: Management Accounting in a*

Lean Organization, Managing Times Press, 2003.

Joel Cutcher-Gershenfeld, Dan Brooks, and Martin Mulloy, "The Decline and Resurgence of the U. S. Auto Industry," Economic Policy Institute, Briefing paper #399, May 6, 2015, Figure F, p. 21.

Department of Defense, "Analysis-Case Study: The Johnson & Johnson Tylenol Crisis," www.ou.edu/deptcomm/dodjcc/groups/02C2/Johnson%20&%20Johnson.htm.

Harvard Business School Publishing Corporation, *Finance for Managers*, Harvard Business Essentials, 2002.

International Federation of Accountants (IFAC) and Professional Accountants in Business (PAIB), "Evaluating and Improving Costing in Organizations," 2009.

Jon Katzenbach and Ashley Harshak, "Stop Blaming Your Culture," *Strategy and Business*, Booz & Company, Issue 62, Spring 2011.

Planning Perspectives, Inc., "Annual Automotive Industry Study," 2014, www.ppi1.com/services/annual-automotive-industry-study.

Gene Siciliano, *Finance for Non-Financial Managers*, McGraw-Hill/Briefcase Books, 2003.

Jerrold M. Solomon, *Who's Counting: A Lean Accounting Business Novel*, WCM Associates, 2003.

Strategy & (Formerly Booz & Company), "A Perspective on Organizational Culture," May 2014, www.strategyand.pwc.com/media/file/Strategyand-Perspective-on-Organizational-Culture.pdf.

扩 展 阅 读

一般出版物

Consortium of Advanced Management International (CAM-I), "Global Leadership in Cost, Process and Performance Management," July 2015.

"Global Management Accounting Principles," American Institute of Certified Public Accountants (AICPA) and the Chartered Institute of Management Accountants (CIMA), October 2014.

Chartered Institute of Public Finance and Accountancy (CIPFA), "Counting Costs: Creating a Cost Conscious Culture," joint publication of CIPFA, the Institute of Chartered Accountants in Australia (ICCA), and Chartered Accountants—Australia and New Zealand (NZICA), February 2012.

Ernst & Young, LLP, "2003 Survey of Management Accounting," AABS Advisory Services, 2003.

Dr. Tim Franklin and Dr. Sian Watt, "The Benefits of Culture Change? ROI 10% to 336% in PBT," March 2013, www.halagenfd.com/blog/detail.rhtm/686726/the_benefits_of_culture_change_roi_10_to.rhtm.

Institute of Management Accountants (IMA), Tools and Techniques for Implementing Integrated Performance Management Models, 1998.

KPMG (UK), "Standard Costing: Insights from Leading Companies," KPMG (UK) Advisory Board, February 2010.

Wayne Lewchuk and Don Wells, "Transforming Worker Representation: The Magna Model in Canada and Mexico," Research Gate and others, 2014.

Mollie Lombardi, "The Engagement/Performance Equation," Aberdeen Group, A Harte-Hanks Company, July 2011.

Kim Wagner, Andrew Taylor, HadiZablit, and Eugene Foo, "The Most Innovative Companies 2014," Boston Consulting Group, October 2014.

成本削减理论及策略

Shannon Anderson and Anne Lillis, "Corporate Frugality: Theory, Measurement and Practice," Contemporary Accounting Research, December 2010, available from author via Research Gate.

Steven M. Bragg, *Controller's Guide to Costing*, John Wiley & Sons, 2005.

Steven M. Bragg, *Cost Reduction Analysis: Tools and Strategies*, John Wiley & Sons, 2010.

Gary Cokins, *Activity-Based Cost Management: An Executive's Guide*, John Wiley &

Sons, 2001.

Norman Kobert, *Cut the Fat, Not the Muscle: Cost-Improvement Strategies for Long-Term Profitability*, Prentice-Hall, 1995.

Yasuhiro Monden, *Cost Management in the New Manufacturing Age: Innovations in the Japanese Automotive Industry*, Productivity Press, 1992.

Yasuhiro Monden, *Cost Reduction Systems: Target Costing and Kaizen Costing*, Productivity Press, 1995.

Sebastian Nokes, *Taking Control of IT Costs: A Business Manager's Guide*, Pearson Education, 2000.

Janet Prescott (Managing editor), *Cost Reduction and Control: Best Practices*, Institute of Management and Administration (IOMA), John Wiley & Sons, 2006.

Cheryl L. Russell, *2001 Innovative Ways to Save your Company Thousands by Reducing Costs: A Complete Guide to Creative Cost Cutting and Boosting Profits*, Atlantic Publishing Group, 2007.

Andrew Wileman, *Driving Down Cost*, Nicholas Brealey Publishing, 2010.

David W. Young, *A Manager's Guide to Creative Cost Cutting*, McGraw-Hill, 2003.

推荐网站

Bala Balachandran and Sudhakar Balachandran, Kellogg School of Management at Northwestern University, "Cost Culture through Cost Maturity Model," 2005, www. kellogg. northwestern. edu/? sc_itemid = %7BD2359A99-F807-4B6B-9AAF-0E1660 AC761C%7D.

Expense Watch, Inc., "Stop Leaking Profits: Best Practices for Establishing Company Spending Policies," 2014, www. expensewatch. com/wp-content/uploads/2014/04/StopLeakingProfits. pdf.

Tim Franklin and Sian Watt, "The Benefits of Culture Change? ROI 10% to 336% in PBT," March 2013, www. halagenfd. com/blog/detail. rhtm/686726/the_benefits_of_culture_change_roi_10_to. rhtm.

Mind Tools, "Building Good Work Relationships: Making Work Enjoyable and Productive," www. mindtools. com/pages/article/good-relationships. htm.

Kenneth S. Most (rev.), "Sowell, The Evolution of the Theories and Techniques of

Standard Costs," Accounting Historians Journal, The University of Alabama Press, 1973, www. accountingin. com/ accounting – historians-journal/volume-1-numbers-1-4/sowell-the-evolution-of-the-theories-and-techniques-of-standard-costs.

Theodore M. Porter and Dorothy Ross, *The Cambridge History of Science*: *Volume* 7: *The Modern Social Sciences*, extract from "Scientific Mangement," cited for F. W. Taylor, https: //books. google. ca/books? id = SN4MxaaliAcC&pg = PA567&lpg = PA567&dq = History + of + Standard + Costing&source = bl&ots = GMUHDOrggd&sig = 8gHdQ6ME5kELaHErdwPr69zWCYE&hl = en&sa = X&ved = 0CDgQ6AEwBDgKahUKEwiCuo6p77fHAhWJFZIKHfjVBuc#v = onepage&q = History%20of%20Standard%20Costing&f = false.

评论

成本管理必须重视技术方法背后的文化

——评《成本管理的行为因素》

陈胜群

说起成本管理，中国从实务界到理论界关注的都是技术方法，针对的是相关技术方法带来的行动、决策效果。无论是自创的我们引以为傲的邯钢经验，还是紧跟国际趋势自20世纪90年代起就开始引进，至今仍在积极推动的作业成本管理，抑或借鉴以零库存为目标的适时制以及其延伸出来的精益成本方法，大多有其名却很难得其实。到底是什么原因导致了这一局面？本篇公告给了我们一个发人深省的阐释。

一、从创新实践看5C框架的重要性

我们的着眼点是技术方法，但忽略了支持有效方法背后的环境基础，或者直接地说是由行为、文化等因素构成的软环境，当然，这需要考察建立在其基础之上的各项运行要素。

本篇公告以一个全新的视角，为我们打开了研究成本管理、构建方法实施体系、达成成本削减目标的全新世界。公告所阐释的"有效成本管理的5C框架"，从文化、关注、沟通、协作和持续这五个要素逐一展开，既表明层级又体现递进关系的分析。粗看之下，似乎是别具一格的理论创新，但细读品味之后，不得不叹服于撰稿者的深入分析。公告道出的恰恰是各类成本管理方法体系背后的真谛。无论是历史久远的标准成本体系，或者是20世纪60~80年代起冲击全球制造业的日本成本企画（Target Costing，或译作成本企划）模式，还是密切关联组织流程的欧美作业管理（ABM），抑或发源于以色列的独辟蹊径的制约法和有效产出会计（TOC/TA），概莫能外。

以日本管理会计特有的创新性实践成本企画为例。建立在日本企业重要的组织特征"橄榄球开发方式"（又称"并行开发方式"）基础上的实施过程（文化），[①] 可视为5C

[①] 参见加登丰《成本企画——战略性成本管理》，日本经济新闻社1994年版。

框架的一个重要例证。传统欧美的"接力棒开发方式"(又称"逐次开发方式")强调传递与衔接,开发流程的阶段性较为明显;而"橄榄球开发方式"则摆脱了步步为营、亦步亦趋的陈规,而改之以高度交叠与"跳跃"的形式,即开发流程并无鲜明的阶段分割可言。通常随着市场调查的进行,开发人员即开始"产品观念"构想(关注);构想尚未定型,设计人员已结合市场调查开始初步设计(沟通);设计整体可能尚未完成,部分构件已经开始在生产部门的配合下进行试制和性能测试(协作);一俟整体设计方案决定,进入整件的试制投产就立即进行(持续)。

"橄榄球开发方式"借力于日本文化协作力很强的特点,实现了战略成本管理所要求的多层次目标。其中包括:大大缩短了产品开发周期,以在短时期内达成"用户满意";真正促进了跨部门的交流,突破部门自身局限,实现有效协调;开发小组或团队分工和协力的融合,构建了全新的知识创造机制;化解或消除部门壁垒的冲突,形成企业整体性共同目标并确保达成目标。实践上,当今欧美的开发方式也逐渐借鉴了日本的成功经验,并与其自身的文化有较好的结合。

从上例可见,如果割断了以日本和文化为特色的部门间协作乃至供应商关系,也就没有了丰田式生产体制及其相应的成本企画。展开来看,倘若缺少了犹太教《塔木德智慧全书》所阐述的商业智慧,即诚信经营、人格感染、和气生财等朴素的长期观经营哲学,就不可能实现绩效指数式增长的惊人威力。以色列艾利·高德拉特博士创建了"制约法"(TOC),在其《绝不是靠运气》《抉择》等重要著作中,以众多生动的实例,阐述了借助逻辑工具"思维流程"(thinking process,TP)突破传统的"一方击败一方"的竞争方式,而缔造出以全新的竞争行为思维引领的"双赢"结果。这之所以能棋高一着,行为和文化的力量是其根本。

综合来看,考察与中国东方文化相交融的,或者说与汉文化存在一定共性的日本和以色列的成本管理和管理会计,无论是成本企画,还是借鉴中国禅宗文化的阿米巴经营,或者是以犹太教和谐观为文化基础的制约法和有效产出会计,其背后的根本力量是行为和文化。而以基督教为主体的欧美诸国,也别具慧眼地关注和吸收了文化和行为的力量,并将其融入其管理会计实践中。我们在分析上述成功的关键因素时,是不是应该深入地思考一下:中国传统文化中关联的文化动力和行为要素,对中国有效成本管理的支撑作用是什么?相应的以文化为核心的5C框架应该怎样来架设?

这里不得不引述极富见解的大师的论述。针对管理会计方法研究,早在21世纪初,余绪缨先生先是提出了从技术观到社会文化观的思想,继而又阐述了认识、研究管理与管理会计新视野的"由技入道论"。[①] 他特别解释了会计的语言功能在管理会计应用中的表现：管理会计必然传递其特定的文化思想内容，即通过其行为功能（behavioral function）达成决策目标，而这必须结合各个国家的社会文化层面来实现。本篇公告尽管是欧美学者的研究视角，但完全可以认为它与余绪缨先生的前瞻性观点是一脉相承的，即会计技术方法的"硬件"必然依靠结合了社会文化观的"软件"，才能对社会经济发挥更有效、更积极的推动作用。在这个意义上，文化、行为层面具有方法的灵魂和生命的地位。

二、公告的独特贡献

本篇公告立足于实务导向，但以实务视野对以文化为核心的 5C 框架的挖掘，某种程度上说明了学术界在管理会计理论研究储备上的不足。作为一项支持企业经营的重要实践，成本管理及其方法应当关注并研究理论要素与实践要素之间的"游离"（欧美和日本学者称其体现为动态不相适应性的鸿沟或乖离，笔者依据"场理论"兼顾美日术语表述为"游离"），如控制方法与环境要求的游离，组织意志、组织行为与其实施现状和实施结果的游离，战略理论目标与部门追求的实际目标的游离等。此外，各种理论要素间也存在游离，如成本理论与制度会计理论的游离，会计理论与生产理论的游离，会计理论与经济理论、各种社会理论的游离等。公告所提到的 5C 框架旨在为消除此类游离确立实务指针。然而，打造以未来"展望性成本管理"为目标的"管理会计理想理论"（也许永远不会以完美的形式呈现），始终是让实践方法进一步提升效果的引导力量。

展望性成本管理及相对应的管理会计理想理论，其方式与内容或许一时难以尽显全貌，但以"素材"与"造型"并举的雕塑式思考可以展示其概略。"素材"是指现代哲学社会科学、自然科学中应予借鉴的理论和方法。除了已为管理会计学界熟知的代理人理论、行为理论和系统理论外，21 世纪以来应用广泛的波特战略管理理论、SWOT 分析、PDCA 循环（本篇公告将其作为实现使命和价值观的部署）、关键指标评价、基于流程的作业管理（ABM）和质量成本控制、适时制系统等，均可纳入"素材"库，体现出展望性成本管理思想源泉上的广泛性。"造型"则是指作为展望性理论设计师的成

[①] 分别参见余绪缨主编《管理会计学（第二版）》第一至四章相关论述，《会计之友》2006 年第 5 期（下）署名文章。

本管理与管理会计研究者，用独立的重构式思考去深入解析与提升成本管理实践效果的专门研究。本篇公告可视为"造型"的独特贡献，以行为、文化为关键切入点，特别强调智力资本和知识创造的价值，体现了展望性成本管理的特质。

如前例所述，以日本文化为前提的知识创造是日本成本企画得以成功的重要推力；以犹太教和谐共赢观为基础的思维流程构建，是制约法和有效产出会计实现利润指数式增长的关键法宝。笔者坚信，随着本篇公告的面世，未来会有更多新的"素材"被管理会计研究者和实践家纳入成本管理的"造型"，以中国文化为基础的适应中国实践的5C框架将会成功构建，并发挥其潜在威力。

提升组织可持续发展过程中的员工参与度

关于作者

安德鲁·J. 费罗（Andrew J. Felo），诺瓦东南大学休伊曾加（H. Wayne Huizenga）商业与创业学院的研究员，可持续商业发展联盟成员。

金伯利·K. 梅里曼（Kimberly K. Merriman），马萨诸塞大学曼宁（Lowell Manning）商学院的研究员，可持续商业发展联盟成员。

阿尼卡·森（Sagnika Sen），宾夕法尼亚州立大学研究生学院管理和组织职业研究分部的研究员，可持续商业发展联盟成员。

巴里·E. 利茨基（Barrie E. Litzky），宾夕法尼亚州立大学研究生学院管理和组织职业研究分部的研究员，可持续商业发展联盟董事。

一、执 行 摘 要

可持续发展已成为许多组织议事日程上的优先事项,但是,如何让员工参与组织可持续发展工作仍然挑战重重。为了应对这一挑战,IMA赞助开展了一项研究项目。本公告重点介绍了从中获取的结论与心得。我们通过假设条件来衡量相对于财务绩效目标而言,员工达成环境绩效目标的倾向性,以及在组织强调使环境目标与财务目标及组织既定核心价值观保持一致时,上述倾向性是否有所增强。研究结果表明,制定明确的环境目标,并将相应的薪酬奖励与财务目标相挂钩,就足以让大多数员工(约69%)参与其中。鉴于仅有25%的受访者表示其所在企业将薪酬奖励与可持续发展绩效相挂钩,因此上述研究结果简单明了、意义重大。然而,企业对于财务绩效目标的偏见(现状偏见的形式之一)同样显而易见。此外,我们还将讨论与组织可持续发展有关的有效绩效管理的影响。

二、主要结果与影响

如今,由于公众对于组织绩效的关注已不再仅局限于经济成果,因此,实现环境可持续发展已成为众多组织的优先工作事项。虽然组织领导者明确接纳了可持续发展理念,但近期所开展的调查和轶事证据表明,组织中其他成员对推动可持续发展缺乏动力。为了对这一问题进行调查,我们向来自全美不同行业的员工(400名受访者)提供了一系列假定的绩效目标,以评估相对于传统财务绩效目标而言,他们实现环境绩效目标的倾向性。我们通过调查获得的与员工参与组织可持续发展相关的重要发现包括:

(1)调查结果表明,制定明确的环境目标,并将与之相应的薪酬奖励与财务目标相挂钩,就足以让大多数员工参与其中。此外,69%的受访者表示,如果将环境绩效目标明确纳入传统财务绩效方案的薪酬奖励范畴,他们将努力实现环境绩效目标。

(2)但是,组织似乎尚未在其绩效管理系统中制定明确的环境绩效目标。仅有25%的受访者表示,他们目前的雇主将薪酬奖励与可持续发展绩效相挂钩。

(3)与传统财务目标一致的环境目标似乎更容易使员工参与其中。如果组织以成本节约作为其明确的价值观,而环境目标预期有助于降低组织成本,则受访者明显更倾向于达成此类环境目标。

（4）与通常认知相反的是，组织对于环境的关注并非促使员工参与可持续发展的明显动因。即使可持续发展成为组织明确的价值观，受访者也不会因此而更倾向于努力达成环境目标。相反，许多受访者坚持认为追求利润是组织的首要任务。

下文将在上文简要介绍研究议题及相关研究的基础上，对上述重要发现进行更为细致的讨论，并就研究程序进行说明。尽管 IMA 曾倡议将环境影响纳入员工绩效评价系统之中，但管理会计师已经普遍将注意力集中在对可持续绩效进行广泛的分析，供 CEO 及外部利益相关者使用。[1] 本文提供的研究成果强调了弥合这一差距的必要性。

（一）自上而下地关注组织可持续发展

组织可持续发展（"人类—地球—利润"模式）问题已经引起了各大组织领导者的广泛关注。2010 年，麦肯锡公司开展的一项调查显示，50% 以上的组织认为可持续发展项目非常重要。[2] 波士顿咨询公司和《麻省理工斯隆管理评论》联手针对组织如何开展可持续发展项目所做的年度调查结果显示，可持续发展已成为众多组织日程上必不可少的事项。截至 2013 年，在参与调查的公司中，有近 50% 的公司表示，为了充分把握可持续发展机会，他们已经对原有的业务模式进行了变革。[3]

虽然众多高管层和董事会成员都对可持续发展理念深表认可，但是组织中其他层级成员是否有动力推动组织可持续发展仍然存疑。尽管有人认为员工从内心里希望参与与其日常工作相关的可持续发展活动，但美国人力资源管理协会（SHRM）于 2011 年针对美国公司开展的全国性调查表明，相较于经理层和普通员工，组织领导层（董事会、CEO 和高管层）更可能将可持续发展视为组织重要的业务实践。即便是基本的可持续发展行为（如减少饮用瓶装水）方面，组织高管层的参与频率也比低层级员工高得多。[4]

---

[1] IMA® (Institute of Management Accountants), Statement of Management Accounting (SMA), "Implementing Corporate Environmental Strategies," Montvale, N. J., 1995.

[2] McKinsey & Company, "How Companies Manage Sustainability," McKinsey Quarterly, March 2010, www.mckinsey.com/insights/sustainability/how_companies_manage_sustainability_mckinsey_global_survey_results.

[3] David Kiron, Nina Kruschwitz, Knut Haanaes, Martin Reeves, and Eugene Goh, "Innovation Bottom Line: Findings from the 2012 Sustainability & Innovation Global Executive Study and Research Report," *MIT Sloan Management Review*, February 2013.

[4] Society for Human Resource Management, BSR, and Aurosoorya, "Advancing Sustainability: HR's Role Survey Report," April 2011.

普通员工对于可持续发展的态度之所以有别于领导者，主要出于以下原因。普通员工通常专注于直接工作职责，加之组织未能充分传达可持续发展的目标和益处，因此，普通员工缺乏对可持续发展战略影响的认识。此外，普通员工可能会发现可持续发展的长期目标与评估其绩效所依据的短期指标之间相互冲突。因此，要想成功实施可持续发展计划，组织必须在评估普通员工的个人绩效时做出权衡。正如上文所述，从业者和学者建议，普通员工参与组织可持续发展，需要建立绩效管理系统，从而赢得员工对组织可持续发展的支持。但过去的研究结果表明，即便在运营层面将可持续发展目标与个人获得的经济激励捆绑在一起，也无法保证员工参与组织可持续发展。为了更好地理解员工对组织可持续发展的态度和动机，我们近期完成了一项调查研究。

（二）针对员工倾向与影响因素进行调查

我们通过假设条件来衡量相对于财务绩效目标而言，员工实现环境绩效目标的倾向性，以及在组织强调使环境目标与财务目标或组织价值观保持一致时，上述倾向性是否有所增强。如果环境绩效目标有益于实现财务绩效目标，则认为两者之间相互一致，即所谓"行善者诸事顺"（Doing well by doinggood）。例如，酒店采用节能照明在降低能耗的同时减少了运营成本。而另一方面，为了减少碳排放对制造厂进行改造，至少在短期内可能会降低利润率。在假设条件下，个人达成与财务目标相一致的环境目标，可以获得更高的薪酬激励，因此，在个人层面，两者之间的一致性显得更为突出。在上述情况下，具有经济理性的个人应当更倾向于达成环境绩效目标。

通过上文专注于可持续发展的酒店，我们明确了环境绩效目标与组织价值观是如何保持一致的；而通过上文专注于成本节约的工厂，我们看到环境绩效目标与组织价值观之间存在的不一致或者至少不够一致的情形。此前的研究认为，如果员工认为组织对于环境可持续发展有着坚定的承诺，那么对于环境项目的参与度也会更高。这一点再次体现出员工所具有的经济理性，因为依据组织价值观做出决策，相较于与组织价值观相悖的决策，可能会促进组织更稳定的发展。因此，当组织价值观强调对可持续发展的关注时，我们预期员工对环境绩效目标的个人偏好程度会更高。

按照上述逻辑，当环境项目与组织价值观和财务目标相一致时，员工对于该项目的偏好程度应当是最高的（相较于仅与某一方面相一致或与两方面均不一致）。在图1中，我们简要说明了调查研究所采用的四个假设条件。

```
┌─────────────┐         ┌─────────────┐
│ 环境目标与财务 │         │ 环境目标与财务 │
│   目标一致    │    ↑    │   目标一致    │
│─────────────│    │    │─────────────│
│ 环境目标与价值 │    │    │ 环境目标与价值 │
│   观不一致    │    │    │   观一致     │
└─────────────┘    │    └─────────────┘
        ←──────────┼──────────→
┌─────────────┐    │    ┌─────────────┐
│ 环境目标与财务 │    │    │ 环境目标与财务 │
│  目标不一致   │    ↓    │  目标不一致   │
│─────────────│         │─────────────│
│ 环境目标与价值 │         │ 环境目标与价值 │
│   观不一致    │         │   观一致     │
└─────────────┘         └─────────────┘
```

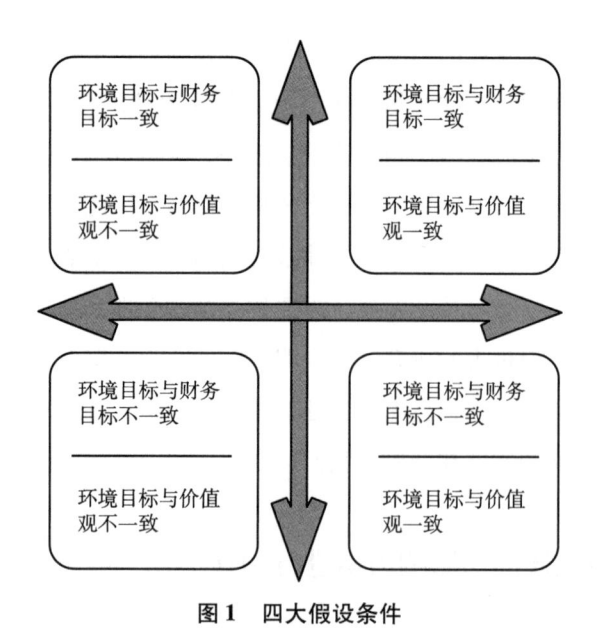

图 1　四大假设条件

为了确定相对于传统财务绩效目标而言，员工实现环境绩效目标的倾向性，我们对美国各行各业的员工进行了调查。为了提升结果的普适性，我们选取了 400 名受访者（上述四个条件中每个条件各选取 100 名），他们的年龄、职业以及所在行业各不相同，分布广泛（样本的人口结构情况见表 1）。

表 1　　　　　　　　　　　受访者的人口结构

受访者特征		人数（人）	百分比（%）
现有雇主将薪酬奖励与可持续发展相挂钩		100	25
总工作年限	1~2 年	22	6
	3~5 年	28	7
	6~10 年	47	12
	>10 年	301	75
性别	男性	212	53
	女性	188	47
职业	行政/文员	64	16
	管理人员	95	24
	专业人员（非管理人员）	74	19
	销售	26	7

续表

受访者特征		人数（人）	百分比（%）
职业	服务	42	11
	技术	28	7
	其他	71	18
年龄	18~24 岁	27	7
	25~34 岁	124	31
	35~44 岁	91	23
	45~54 岁	86	22
	55~64 岁	43	11
	>64 岁	29	7

值得注意的是，只有25%的受访者表示，其目前所在的组织将绩效与可持续发展相挂钩。调查要求受访者基于有限的投资金额选择希望达成的绩效目标，而且可选项也受到限制，只能在三个目标中选择两个：一个成本节约目标搭配一个近似的成本节约目标或者搭配一个环境可持续发展目标。此外，受访者还要通过回答开放式问题，对决策过程加以解释。

三、意外发现

为了评估上述调查对组织价值观的有效性，我们就假设条件征询受访者的意见。我们要求受访者使用1（强烈不同意）至5（非常同意）的分值来评价组织关注环境和利润的程度，给定的假设条件不同，组织对于环境的关注度也不尽相同。然而，在四个假设条件下，组织对于利润的关注是高度一致的。

换言之，与强调成本节约的组织相比，受访者并不认为重视可持续发展的组织对于利润的关注程度稍低。这一点毫无意外地表明，无论组织的价值观如何明确，财务目标仍是营利性组织的优先事项。

总的来说，在所有四个条件下，约69%的受访者倾向于达成可持续发展绩效目标。回想一下，每个受访者仅能在三个绩效目标中选择两个。这一选择结构隐含地要求受访者将成本节约目标与第二个成本节约目标或可持续发展目标相配对。结果表明，在所有四个条件下，受访者均对环境可持续发展目标表示认可，如图2所示。这表明当组织明确将员工纳入可评估的绩效目标时，员工倾向于通过参与，促进组织环境目标实现，这会对组织的绩效管理产生有利的影响。然而，从自身利益角度看，当环境目标与财务目标或组织价值观相一致时，对员工而言，选择环境目标对个人更为有利，因此，选择环境目标的可能性更高。同样，相较于假设条件的预期结果，员工更加重视财务绩效。此外，当环境可持续发展目标与财务目标相一致、又与强调成本节约的组织价值观相匹配时，员工对于环境可持续发展目标的接纳程度是最高的，这一点出人意料。与受访者认为组织始终高度关注利润的认知相一致的是，当可持续发展项目与财务目标明确挂钩时，这些项目似乎最具吸引力。

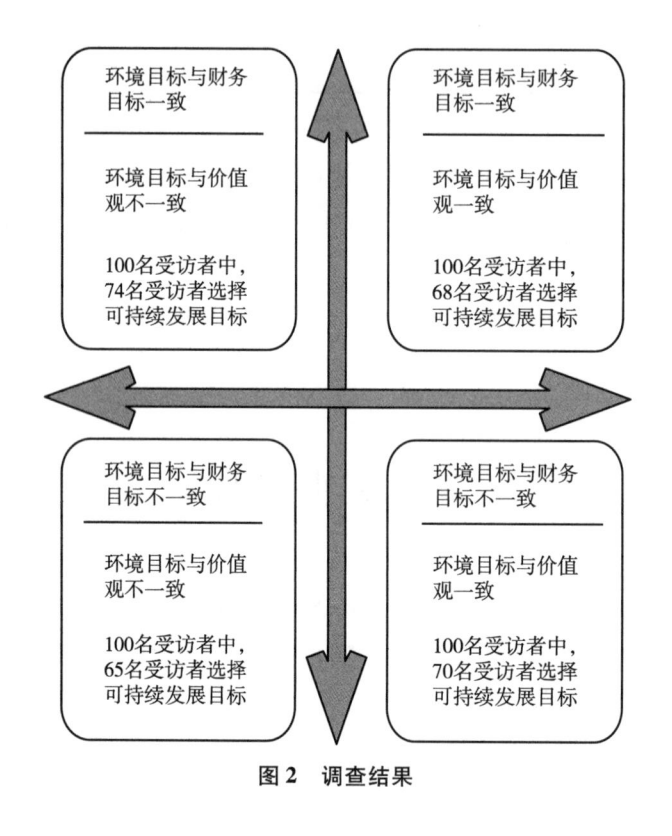

环境目标与财务目标一致 环境目标与价值观不一致 100名受访者中，74名受访者选择可持续发展目标	环境目标与财务目标一致 环境目标与价值观一致 100名受访者中，68名受访者选择可持续发展目标
环境目标与财务目标不一致 环境目标与价值观不一致 100名受访者中，65名受访者选择可持续发展目标	环境目标与财务目标不一致 环境目标与价值观一致 100名受访者中，70名受访者选择可持续发展目标

图 2　调查结果

四、员工参与可持续发展的影响

我们的研究结果表明，制定明确的环境目标，并将相应的薪酬奖励与财务目标相挂钩，就足以让大多数员工参与到组织可持续发展中来。然而，似乎采取这种方式来衡量可持续发展绩效的雇主寥寥可数（在我们的研究中，仅有25%的雇主是这么做的）。博克顾问公司（Buck Consultants）在2009年进行的调查[①]表明，少数公司会采用奖励机制来激励员工的绿色行为，但这些公司倾向于通过授予肯定和奖品而非支付奖金的方式来激励员工。当然，在运营层面为员工实现环境目标提供激励是组织将员工报酬与组织可持续发展相挂钩的一种方法，将可持续发展绩效纳入员工绩效评估范围则更具广泛性和普遍性。因此，管理会计师必须将工作重点从对可持续绩效进行广泛的分析、供CEO及外部利益相关者使用，转移到与普通员工最为相关的运营层面。

我们的研究还反映了可持续发展绩效管理领域的另一个重要发现。员工对财务绩效目标抱有非常明显的偏向，即使组织价值观强调对可持续发展的关注，许多员工还是强烈表现出对于财务绩效目标的偏好（见表2）。

表2　　　　　　　　　　　员工个人回复

"不同于碳足迹，（成本节约目标）能够真正帮助公司取得成功。"
"前两个（成本节约目标）节省的是'真金白银'，第三个目标对于成本节约毫无作用可言。我知道竭尽所能地减少污染是非常重要的，但我不认为股东会买账。我预见到的是：'我们的碳足迹将减少30%……但这要花费10万美元。'我可能很快会流落街头，沦落为苹果贩子。"
"绿色消费并不是我们优先关注的事项。"
"我的首要义务是使公司尽可能地赚取合理利润，只有盈利能力的提高才能使我们投资于展现企业'良好公民'形象的项目。"
"公司做生意的目的就是挣钱和发展。"
"我选择了A和B（成本节约目标），因为它们将为公司节约更多成本（尽管对我来说，可能意味着奖金/薪酬激励的减少）。""……除非公司全力支持，否则很难选择无法给公司带来成本节约的方案。"

五、结 束 语

盈利能力历来是利益相关者评估组织的主要方式，所以以财务目标反映组织现状是合理的。另一方面，可持续发展目标是一个近期兴起的、新颖的理念，因此员工可能认

---

① Buck Consultants, "The Greening of HR Survey Results," January 2009, www.buckisgreen.com/pdfs/Go_Green_Survey.pdf.

为可持续发展目标有别于现状（还可能与现状相冲突）。从某种程度上来说，情况的确如此，即使两个项目预期提供的绩效奖金相同，但由于员工更熟悉财务目标（反映了现状），因此会趋向于选择强调财务目标的项目。

这就意味着，为了激励更多的员工参与可持续发展投资，有必要通过财务术语来制定可持续发展目标，而不是采用员工并不熟悉且可能具有内在冲突的可持续发展术语。例如，公司可以强调减少包装是为了节约公司成本，而不是宣称为了减少公司的碳足迹而重新设计产品的包装（从而需要更少的包装）。这样一来，可持续发展项目就与现状保持一致了。

然而，从财务术语角度入手来制定可持续发展目标并不能克服员工对财务目标的现状的偏见。正如我们调查结果显示，即便明确表明组织的可持续发展价值观也无法消除这一偏见。毕竟对现状的认知已经根深蒂固，很难轻易改变。通过持续强调与财务目标相一致的可持续发展目标，组织可以更有效地克服这种偏见。涉及人类、地球和利润"三重底线"的内部报告就是一种行之有效的方法，确保组织能够持续强调可持续发展目标。因此，管理会计师能够发挥关键作用，最终通过施加影响，赢得员工对组织可持续发展的支持。

评论

企业可持续发展项目的目标、激励和评估
——评《提升组织可持续发展过程中的员工参与度》

季　周

可持续发展已经成为许多企业重要的和优先的议题，今天的经理人员在进行经营决策时需要考虑的已经不只是会计数字了，必须要把对环境的影响考虑进去。越来越多的组织也把可持续发展理念融入企业文化和价值观，融入企业产品和服务。2013年《麻省理工斯隆管理评论》的一份报告就指出，近50%的公司表示，他们已经改变业务模式来充分利用可持续发展新机遇。但是，如何让理念真正落实为行动，进一步让员工全程参与企业可持续发展工作，始终是一个挑战。本篇公告向读者介绍了一个IMA资助的关于员工对可持续发展态度的研究项目。

一、可持续发展目标接受度仍不高

为回答上述问题，研究人员巧妙地设计了实验场景和选项：价值观——企业倡导成本节约与企业倡导可持续发展；节能照明可以降低运营成本同时节省能耗与减少碳排放而改造工厂可能短期降低利润率，分别代表实施环境项目与组织价值观及财务目标兼容或不兼容的四种情况下，测试实验对象选择实现财务绩效目标还是完成环境绩效目标的倾向性。研究成果表明，当财务目标和环境目标兼容的时候，组织一旦做出明确定义并进行奖励，就足以让大多数员工（约69%）参与其中。实验同样反映了两个不容忽视的现状：其一，只有25%的受访者表示他们所在组织将报酬或奖励与可持续发展绩效相挂钩；其二，受访者不约而同表现出偏重财务绩效指标，即使组织强调关注可持续发展，很多员工还是表现出对财务绩效指标的偏好。

研究结论指出，由于盈利能力历来是利益相关方评估组织的主要方式，已有一整套完整、成熟的衡量指标体系，而可持续发展是一个相对比较新的概念，认知层面存在一

定的模糊度，操作层面缺乏清晰明确的衡量指标。所以即使两类项目会产生相同的预期绩效奖金，员工还是会选择自己更为熟悉的强调财务目标的项目。研究带来的实务启示是，一方面，管理会计人员有必要采用财务术语制定可持续发展目标，包括向高级管理层和外部利益相关者群体阐述；另一方面，更重视在操作层面把员工激励和可持续发展目标有机结合，才能实现价值理念落地为员工行动。管理会计师面临的挑战是一个科学与管理的基本原则："如果你无法衡量，你就无法理解和管理。"管理会计师应当学会如何量化这些价值创造的新来源。

二、提升员工参与度面临的障碍

这不禁让我想起 IMA 研究出版物中，一个让人印象深刻的教学案例。案例描述了"Haworth 中心第 1 号"这座在 2008 年建成、具有 LEED① 所颁金牌认证的办公大楼，介绍了 Haworth 公司在可持续发展方面所做的不懈努力。案例向读者提供了与三重底线、可持续发展、公司的社会责任和绿色建筑有关的实际情况，旨在要求读者清楚地了解 Haworth 是如何处理人类发展、地球资源和企业利润三重目标，并且认识到考核在这三个方面所取得的成就是否有效。从这一案例的选择可以看出，IMA 鼓励成员在企业实践中，把可持续发展方面所作的努力与管理会计其他方面的内容（包括成本控制、经营风险和资本投资决策）联系起来。同样的，组织也应该要求员工就未来在管理可持续发展方面应作的努力，提出自己的建议。

"可持续发展"自 20 世纪 90 年代被联合国定义为"满足当代人需求的同时不危及后代人满足其需求的能力"，促使人们开始思考代际公平和环境能力的有限，企业的可持续发展问题随即被提出。企业作为经济发展的细胞，在很大程度上影响并决定了经济和社会的可持续发展。战略上重视到战术上落地永远是"知易行难"。25% 的受访者表示他们所在的组织将绩效与可持续发展相挂钩，无独有偶，《斯坦福社会创新评论》（Stanford Social Innovation Review）的调查显示，只有 24% 的员工以一种有意义的方式对可持续发展负责。早在 20 年前，卡普兰和诺顿教授就一针见血指出战略执行方面的四个障碍：沟通、激励、资源和监控，给我们解决此类问题提供一个分析诊断视角，从而

---

① 美国绿色建筑委员会建立并推行的《绿色建筑评估体系》（Leadership in Energy & Environmental Design Building Rating System），国际上简称 LEED™，是目前在世界各国的各类建筑环保评估、绿色建筑评估以及建筑可持续性评估标准中被认为是最完善、最有影响力的评估标准。

可以采取措施来提升员工参与度。

（1）沟通：虽然高管有决策权来选择战略，但战略必须通过员工来执行和落地。数据表明只有5%的员工能说清楚公司的战略是什么，因此，管理会计师应当成为"翻译者"。

（2）激励：75%的经理都有与短期财务绩效挂钩的激励计划，而不是基于战略目标。当管理层的激励与战略目标的实现无法协调一致时，员工将专注于提升短期财务绩效，而忽视实现中长期战略规划目标所需的组织能力。

（3）资源：60%的企业没有把预算与战略联系起来。战略执行通常需要新的能力和新的行动方案，如果不能为战略的启动和执行提供资源支撑，那么任何新的战略几乎肯定会失败。

（4）监控：50%的管理团队不花任何时间监控和引导战略的执行。在动态的、充满变数和竞争日趋激烈的商业环境中，如果管理者不花时间来评估战略进展，进而顺应变化和弥补缺陷，那么战略计划就不能形成闭环。

管理会计师应该在克服以上这些缺点和障碍并有效执行战略方面发挥作用，笔者认为具体可以围绕关键三要素——激励、途径和衡量——展开目标管理，组织一旦倡导并营造可持续发展的战略和文化，需要设定目标，构建实现途径，利用管理会计数据衡量和评估，并依据行业数据和标杆对可持续发展活动进行比较、优化和管理激励。

三、可借鉴成功做法

那些实现了可持续发展目标的公司，具体做法之一，就是在业务经营各个环节嵌入"途径"，即适当的行为和流程，并让部门经理负责成果的交付。例如，丹麦生物制药公司诺和诺德设定了碳排放内部价格，减少碳排放的业务部门会获得现金奖励；或者通过改变其资金审批流程，将可持续性发展因素纳入其中；或扩大商业价值评估的时间范围，从而允许更多的可持续发展计划获得投资资格。诺和诺德企业可持续发展副总裁苏珊娜·斯托默说："我们早期验证了一些投资回报率较高的可持续发展计划，所以我们开发了一种方法来移除这类项目在审批过程中的障碍。"

还有些企业将可持续发展优先事项纳入"激励"结构，与其他关键绩效指标（KPI）并列而行。比利时食品零售商德尔海兹集团通过在所有业务环节将薪酬与可持续发展挂钩，取得了良好的成果。集团可持续发展副总裁梅根·赫尔斯泰特介绍说，2014年之前，只有20%的领导层成员的年终奖金与公司的可持续发展举措有关，从

2014 年开始，集团所有高级职员均有与可持续发展目标挂钩的年终绩效奖金，且占奖金总额的 10%～30%。

国内企业华为发布的《2018 可持续发展报告》显示，其战略关注之一就是未来通信网络的能量效率，核心是用更少的能量传递更多的信息，以及在能量系统中通过信息技术来降低能耗。华为在"途径"即 5G 产品研发与工程化过程中做了大量创新，通过芯片工艺设计、系统软件、专业服务以及先进的硬件材料和散热技术，整体上使 5G 单站能耗比业界平均水平低 20%，实现了竞争优势和可持续发展的双赢。

2019 年，中粮国际宣布与 20 家银行组成的财团签署协议，获得 21 亿美元的可持续发展贷款，这是全球大宗商品交易商所获得的最大额度的可持续发展贷款。通过将核心融资机制与公司的可持续发展绩效挂钩，中粮集团承诺将全力推动可持续发展进一步融入业务运营和供应链管理。

国内外成功案例都表明，企业需要将可持续发展目标自上而下融入组织的业务流程、考核/问责机制和激励措施当中。出色的管理会计报告帮助企业将运营活动和决策与实现自身战略结合在一起，遵循 SMART（specific, measurable, attainable, relevant, time-bound）原则，为企业输送必不可少的信息，以便管理层做出更加准确、更加有效的决策，将注意力聚焦于管理真正重要的活动，并提供有关真实绩效的一致观点：

（1）使用的绩效指标是否与企业战略/项目目标一致？

（2）支持绩效指标的数据是否一致？

（3）企业是否持续进行数据管理？

如果绩效报告提升了业务部门的决策速度并提高其决策质量，实现了可持续发展项目的目标、激励和评估，进而形成了企业的竞争优势，管理会计专业人员的理念、技能和行为在组织可持续发展工作可以有所作为，可以更加 SMART！